古代国家と天皇

武光　誠編

同成社

はじめに

天皇制は、日本史上最大の謎である。大和朝廷の王家が皇室となり、現在まで続いてきた。世界史の視野でみれば、これは驚くべきことである。

古代にはエジプト、ローマなど、多くの強国が生まれた。これらの国の君主は軍事力を背景に国を作り、そして専制君主のもとで貴族政治が行なわれた。

エジプト、ローマやアッシリア、バビロニアそれに中国の秦朝、前・後漢朝。これら古代帝国の貴族たちは、贅沢の限りを尽くす。しかし一時全盛を誇ったこれら古代帝国はいずれもやがてあっけないほどに、滅んでいる。

それに対して日本では、王朝交代なしに古代の君主の家が現在まで続いたのである。貴族の時代、武家の時代、さらに明治以降の近代をつうじて、天皇家は日本人に愛され続けた。五世紀以前の部分には、不確かなところも多いが、六世紀初頭の継体天皇から現在の皇室までは、まちがいなく一系で連なっているといってよい。

三世紀初、現在の奈良県桜井市纒向遺跡の地に、王家は誕生したとの説が有力である。そして纒向遺跡にみられる古墳文化は、継体天皇の時代にまで連なっている。このことは、継体天皇が纒向遺跡の地に誕生した初代大王の系譜を引く可能性が高いことを物語っていよう。「天皇制は、古代史のなかでどのような役割をもっていたか」――この課題に迫ることによって、天皇家が現在まで続いた理由を知ることができるように思われる。

私事ながら、今年、私は還暦を迎えた。この区切りの年に、私の研究生活の核である日本古代史の分野で、後々まで残る仕事をまとめたいと考え、その結果、古代天皇制を扱った論集を編むことに思い至った。そこで、日本古代史の研究者として敬愛する何人かの方々に声をお掛けしたところ、私の希望に応えて数名の方が論文を寄せてくださり、ここに一書を刊行することができることとなった次第である。

本書は笹山晴生先生はじめ、これまでの私の研究生活をご指導くださった方々、親しくご交誼をいただいた方々への感謝の気持ちをこめて上梓するものである。本書に優れた研究成果をお寄せ下さった方々に、心からお礼申し上げたい。これからも私の研究生活は続く。本書をその重要な礎石のひとつとして、独自の道を開いていきたいものと思う。

なお、本書の刊行にあたって明治学院大学の学術振興基金補助金を受けたことを、感謝とともに記しておく。

平成二十二年七月

武光　誠

目 次

古代国家と天皇

首長霊信仰と天皇の起源

武光　誠

律令制下の朝廷では、全国の神祇を対象とした多様な祭祀が行なわれていた。天皇の主な役割が祭祀であるかのような様相をみせていたのである。

古代史の研究者の多くは、このような祭祀のあり方を国家的祭祀と位置づけている。そのうえで、律令制下の祭祀の成立過程を追った研究が多く出されてきた。岡田精司氏の研究(1)に代表される、諸研究である。(2)それらは、王家や豪族の独自の祭祀から国家的祭祀への変化を考えたものであった。

私も、この方向の論考をいくつか発表した。(3)しかし律令制下の祭祀を扱うこれまでの研究をみていくと、そこに一つの疑問が浮かんでくる。律令制以前の信仰のあり方をあいまいにしたままで律令制下の祭祀を扱った研究が目立つのである。

古代人の神観念は、さまざまな要素が入り混じった複雑な性格をもっている。しかし律令制以前の王家や諸豪族の信仰を「首長霊信仰」という形でとらえるならば、すべてが解決するように思える。これによって朝廷の祭祀に関するさまざまな要素を矛盾なく説明できると考えられるのである。

私は前に、「首長霊信仰」を大和朝廷の起源と関連づけて説明したことがある。(4) この「首長霊信仰」の語は、金関恕氏の「祖霊信仰から首長霊信仰へ(5)」という論を手がかりに私なりに定義したものである。これから丁寧に解説していく首長霊信仰は、祖霊信仰から発展したものである。

亡くなった祖先を神としてまつる祖霊信仰は、弥生時代にはすでにつくられていた。そしてそのような祖霊信仰は、現在の日本にもうけつがれている。祖霊信仰は、亡くなった人間だけを神として祭るものではない。山、川、海、動物、植物などのあらゆる自然物も、神とされる。すべての精霊を祭る精霊崇拝の一つの形が、祖霊信仰なのである。

金関氏は、巨大な冢をつくって卑弥呼を葬ったこと（『魏志倭人伝』）を発生期の首長霊信仰ととらえている。邪馬台国大和説をとれば、その想定も成立する。しかし邪馬台国が、大和にあったとは決めつけられない。

私は、王家の祖先を中心に集まった多様な神々、霊魂が、「首長霊」であるとした。そしてその首長霊を大王、朝廷および朝廷が治める土地の守り神とすることが、「首長霊信仰」であると考えた。ゆえに古墳の発生とそれに関連する三輪山の祭祀の起こりを、「首長霊信仰」の成立としてとらえたのである。(6)

『日本書紀』などに、「天皇霊」などと書いて「すめらみことのみたま」と訓ませる言葉が出てくる。また、「恩頼」、「皇威」などと表記される「みたまのふゆ」という言葉もある。これらは、首長霊信仰をふまえて用いられた。しかしそれらの語の解釈は、一筋縄ではいかない複雑なものになる。

しかし中央豪族（貴族）の氏神の性格を知ることによって、王家（皇室）の首長霊の特質が明らかになってくる。以下、つぎの三段階の考察をつうじて、首長霊信仰の起源について明らかにしていきたい。

第一に、氏神とは何か考えること。第二に、「天皇霊」についての史料を検討すること。第三に、「皇威」などと書かれる王家（皇室）をまもる神々のはたらきをみていくことである。

一　氏神の起こり

古典に出てくる「天皇霊」に関する、折口信夫氏[7]の説がある。その説は天皇に代々うけつがれる天皇家の始祖のマナ（まなあ）を、天皇霊とするものである。

天皇は即位にあたって行なわれる大嘗祭のときに、天皇霊を身につける。だから天皇の体は、国を治める天皇霊の容れ物にすぎないと折口氏はいう。

吉田孝氏[8]も、これに近い立場をとる。皇位や氏《うじ》の族長権の継承は、始祖のマナ（呪術的霊威・魂）をうけつぐことだというのだ。だから吉田氏は、古代日本で始祖のマナが永遠に再生し続けていたとする。

しかし、大嘗祭が皇位継承儀礼としての性格をもつようになった時期は新しいとする説もある。岡田精司氏[9]は大嘗祭が持統朝に、収穫感謝の祭祀である新嘗祭から分離したとする。

熊谷公男氏[10]はそのような岡田説に拠って、折口信夫氏とは異なる独自の説を出している。熊谷氏は六世紀以前に、歴代の天皇（大王）の諸霊を皇室（王家）の守護霊とする信仰が成立していたとする。

この説は天皇（大王）の祖霊を天皇と一体となるものではなく、天皇（大王）を外部から守るものだとみる立場をとっている。そして熊谷氏は天皇霊への祭祀は、遅くとも六世紀後半には確立していたという。

しかし熊谷説には、一つの前提がある。当時の支配層である「氏《うじ》」などと呼ばれる中央豪族や地方豪族の間に、祖霊を自家のまもり神とする信仰が広く存在していたとする点である。前に上げた折口信夫氏の説も、始祖に対する信仰の広まりを想定したうえで出されている。

ところが古代の氏神[11]の実態をみていくと、氏神と豪族の祖先神とが緊密な形で結びついてはいなかったありさまがわかってくる。

奈良時代はじめの、つぎの記事がある。

以㆓従五位下大倭忌寸五百足㆒、為㆓氏上㆒令㆑主㆓神祭㆒。（『続日本紀』和銅七年（七一四）二月丁酉条）

ここの「神祭」は、大和の大倭坐大国魂神社（現在の大倭神社）の祭りをさす。『令集解』神祇令仲冬条（相嘗祭）の「令釈」「古記」などによって、大倭氏が大倭坐大国魂神社の祭祀を行なっていたありさまがわかる。

氏上の役割のなかの重要なものに、氏神の祭りがあった。『令集解』神祇令孟夏条（三枝祭）の「古記」

「令釈」にも、大神氏の氏宗が伊謝川（率川）社を祭ったことがみえる。

氏上は甲子の宣（「天智紀」三年（六六四）二月丁亥条）で、正式に定められたものである。しかし中央豪族が古くから、のちの氏上に相当する首長の統制をうけていたことは明らかである。

そしてそのような首長を権威づけるたいせつな仕事が、氏神の祭りであったとみられる。このような氏神を、豪族の首長の祖先神と考えてよいのであろうか。実例からみる限り、古代豪族が祭る神と、その豪族の祖先とが一致しない場合が多い。

出雲大社で大国主命の祭祀にあたる出雲氏の祖先は、天穂日命とされている。熱田神宮は熱田大神を祭る。ところが、『日本書紀』などはそこの祭司である尾張氏の祖神は火明命であるとする。これとは別に『先代旧事本紀』の、尾張氏の祖を天香語山命（高倉下）とする系譜もある。

『古事記』や『日本書紀』に宗像三神が宗像氏の祖神とされた例や、住吉三神を津守氏の祖神とする例はある。しかしそれらは例外であろう。『古事記』や『日本書紀』にみえる諸豪族の始祖の大部分は、豪族の祭祀の主な対象にされていないのである。

氏神の情報が外部の者に秘されていたのではないかと思わせる史料もある。『正倉院文書』にみえる。奈良時代の六点の写経所の請暇解である（『大日本古文書』巻六、一七〇頁に一点、同一七一頁に二点、同四〇七頁に一点、『大日本古文書』巻十七、五七三頁に一点、六〇六頁に一点）。

その一例を、掲げておこう。

三嶋子公解　申請暇事

合二箇日

右為二私祭礼一、所レ請二暇日一如レ件、以解

宝亀元年十一月廿五日

「判許（自署）法師奉栄」（『大日本古文書』一七巻六〇六頁）

ここでは氏神の祭りを、「私祭礼」と呼んでいる。他の文書にも、「私神祀」、「私神祭祀」、「私氏神奉」、「祠祀」といった表現がとられている。

例外として「鴨大神又氏神祭奉」という語がみえる。請暇解（『大日本古文書』六巻一七一頁）が、一点だけある。この文書が上欠のために、その発信者はわからない。そのためにこれを記した人物と、鴨神との関わりは明らかではない。

次の三件の史料は、古代豪族の氏神の起源を知る手がかりになると考えられる。第一のものは、竹田川辺連の氏神についての『新撰姓氏録』左京神別下のつぎの記事である。

竹田川辺連

同命（火明命）五世之後也。仁徳天皇御世。大和国十市郡刑坂川之辺有二竹田神社一。因以為二氏神一。同居住焉。縁竹大美。供二御箸竹一。因レ茲賜二竹田川辺連一。

この記事は、はるか昔に竹田川辺連の先祖が竹田神社のある地に移住してきたことをつたえるものであ

る。そのときに竹田川辺連の先祖は、土地の守り神である竹田神社を氏神にしたという。

第二のものは、『常陸国風土記』にみえる、箭括麻多智の新田開発の伝説である。麻多智は、作業を妨害した夜刀神というその土地の神を斬った。そして山の登り口に杖を立てて境を定め、夜刀神にこう宣言したという。

自レ此以上、聴レ為二神地一。自レ此以下、須レ作二人田一。自レ今以後、吾為二神祝一、永代敬祭。冀勿レ祟勿レ恨。設レ社初祭者即還発二耕田一十町余一。麻多智子孫、相承致レ祭、至レ今不レ絶。(行方郡条)

これは箭括麻多智とかれの子孫が夜刀神を氏神として社殿を建てて祭るようになった起源を記したものである。麻多智は自ら開発した十町の田地ができる前の原野の神であった縁で、夜刀神を自家の守り神と考えるようになったのである。

第三のものは、石上神宮の起源に関する『先代旧事本紀』のなかの物部氏の系譜を記した「天孫本紀」の次の記事である。

弟伊香色雄命。此命、春日宮御宇天皇○開化御世、以為二大臣一、磯城瑞籬宮御宇天皇○崇神御世、詔二大臣一為レ班二神物一、定二天社国社一、以二物部八十手所レ作祭レ神之物一、祭二八十万群神一之時、遷二建布都大神社於大倭国山辺郡石上邑一、則天祖授二饒速日尊一、自レ天受来天璽瑞宝、同共蔵斎。号曰二石上大神一、以為二国家一亦為二氏神一、崇祠為レ鎮、則皇后大臣奉レ斎二神宮一、

この記事から、物部氏がこのような伝承をもっていたことがわかる。

「崇神天皇の命によって、石上神宮が建てられた。そのときに、石上神宮が物部氏の氏神とされた」

この伝承とは別に、垂仁天皇の娘の大中姫命が物部十千根大連に石上神宝を授けたとする『日本書紀』の記事（「垂仁紀」八七年辛卯条）もある。

この三例をみると、氏神と呼ばれた神が多様な縁によってその神をまつる豪族と結びついていったありさまがわかる。古代人は、日本のあちこちにきわめて多数の神がいると考えていた。そしてその神は、心を込めて祭祀を行なう人間、あるいは氏《うじ》（豪族）を助けてくれると信じられていた。

次にこのような古代の神観念を手がかりに、「天皇霊」とは何かを考えていこう。

二　天皇霊の役割

これまでに、「天皇霊」を天皇の始祖のマナや、歴代天皇（大王）の霊とする説が出されてきた。そのような説の根拠とされたのが、「敏達紀」十年閏二月条のつぎの記事である。

蝦夷数千、寇二於辺境一。由レ是、召二其魁帥綾糟等一。（魁帥者、大毛人也。）詔曰、惟、儞蝦夷者、大足彦天皇之世、合レ殺者斬、応レ原者赦。今朕遵二彼前例一、欲レ誅二元悪一。於是、綾糟等懼然恐懼、乃下二泊瀬中流一、面二三諸岳一、歃レ水而盟曰、臣等蝦夷、自レ今以後、子々孫々、（古語云二生児八十綿連一。）用二清明心一、事二-奉天闕一。臣等若違レ盟者、天地諸神及天皇霊、絶二-滅臣種一矣。

この中の蝦夷の魁師、綾糟の誓約の言葉は、古代朝廷の服属儀礼で実際に用いられたものだとみられる。右の文の中の○を付した「天皇霊」は、「すめらみことのみたま」と訓まれている。「すめらみこと」という語は「あめのたらしひこ」と同じく、あらたまった場での大王に対する敬称として六世紀に実際に用いられていたのであろう。(12) 綾糟は誓詞のなかで「誓詞に背けば」、

「天地諸神及天皇霊」

が我らを滅すと言っている。熊谷氏はここの「天地諸神」と「天皇霊」とを別のものとみた。そして天皇霊を歴代天皇（大王）の諸霊だとしたのである。(13) しかし「天地諸神」と「天皇霊」とは明確に区別できるものではないとするのが、(14) より妥当ではあるまいか。

大王（天皇、敏達天皇）を守る神々の世界の不思議な力が、「天地諸神、天皇霊」と表現されたのである。「天地諸神」と呼ばれる多くの神のなかで、特定の大王（天皇）の身辺に寄ってその守りとなったものが天皇霊である。

しかしその天皇霊は天地諸神とは別物ではない。「天皇霊」という霊魂の集団のなかには大王（天皇）の没後に神々の世界に帰っていく霊でもある。だからここの「天皇霊」の語は、これまでみてきた氏神に近い概念のものであると考えてよい。

このような解釈は、これからあげる「天皇霊」、「皇威」などの用法からも導き出される。「天皇霊」などの語の用例の多くは、「天地の神」とともに記されている。なかには「天地の神」の他に、

仏をあらわす「三宝」などの語が加わる例もある。これらの神と仏と「天皇霊」といった表現はすべて、「天皇（大王）を守るもの」程度の意味のものにすぎないのであろう。

そしてそれとは別に、「天皇霊の守り」といった概念が、単独で出てくる用例がある。そしてその中の次の史料は、「天皇霊」の役割を知る重要な手がかりとなるものである。『日本書紀』は、壬申の乱のときの高市皇子のつぎの言葉を伝えている。

近江群臣雖㆑多、何敢逆㆓①天皇之霊㆒哉。天皇雖㆑独、則臣高市、頼㆓②神祇之霊㆒、請㆓天皇之命㆒、引㆓率諸将㆒而征討。豈有㆑距乎。（「天武紀上」元年六月丁亥条）

高市皇子はこのとき父の大海人皇子（天武天皇）に、こう申し出た。「自ら指揮官となって多くの人材のいる優勢な近江方に挑みましょう」。

前にあげた史料の中の①の「天皇之霊」は、「すめらみことのみかげ」と訓まれている。「みかげ」は、神の助けをあらわす言葉だ。だからここに記された「天皇之霊」の言葉は、「王家（皇室）を守る神の助け」をあらわすと解釈できる。

そしてそれは②とした高市皇子の軍勢を助ける「神祇之霊」とほぼ同じ概念であったろう。ふつうに考えれば王家（皇室）の祖先の霊は、自らの子孫たちが命をかけて争うことを好まないのではあるまいか。祖先の神が天皇霊なら、天皇霊は大海人皇子と大友皇子との仲裁に入り戦いを止めさせようと考えるはずである。

だからこう言っても、配下の戦士を納得させられなかった。「祖先の霊が私たちのみかたについて、大友皇子を滅ぼせと命じている」

しかし「天皇霊」を「王家（皇室）と王家（皇室）が治める国全体を守るさまざまな神の力」と解釈すれば、高市皇子の言葉は多くの戦士を納得させるものになる。

「天智天皇は独裁を行ない、さまざまな失政を犯した。だから王家（天皇）を守る神々の心は、天智天皇の子の大友皇子から離れて我らのみかたになった」というのである。

「垂仁紀」に垂仁天皇の命をうけた田道間守が、「非時香菓」を求めて常世国を訪れる話が出てくる。田道間守は、さんざん苦労して十年後に任務をはたして帰国した。このときに田道間守は、こう言ったという。

頼㆓ⓐ聖帝之神霊㆒、僅得㆓還来㆒。（九十九年十二月壬子条）

ここの「聖帝之神霊」は、「ひじりのみかどのみたまのふゆ」と訓まれている。「みたまのふゆ」は、神の助けをあらわす言葉である。田道間守の役目は、垂仁天皇個人の意向をうけた任務であった。そのために、天地の多くの神ではなく、王家（皇室）を守る神々が田道間守を助けたとされたのであろう。

「景行紀」に蝦夷と東国の平定を命じられた日本武尊の、つぎの言葉が記されている。

嘗西征之年、頼㆓皇霊之威㆒、提㆓三尺剣㆒、撃㆓熊襲国㆒。（中略）今亦頼㆓神祇之霊㆒、借㆓天皇之威㆒、往臨㆓其境㆒、示以㆓徳教㆒、猶有㆑不㆑服、即挙㆑兵撃。（四十年七月戊戌条）

日本武尊は「前に天皇霊の力で熊襲を討ったが、今回は天地の神と天皇霊の助けを得て蝦夷を従えよう」と言うのである。この遠征は日本武尊個人の仕事ではなく、王家と朝廷全体のための任務であった。

こういった用例から考えて天皇霊を、単に亡くなった大王（天皇）の霊とみるべきではないと思われる。天皇霊とは、天皇（大王）だけのまもりではなく、より高い観点で物事を考えるものとされた。だからそれを王家（皇室）さらには日本全体を導く神々の力とするのが、より妥当であろう。「天皇霊」をこのように解釈したうえで、次に古代の文献にみえる天皇霊およびそれに関連する神々のはたらきについてみていこう。

三　「恩頼」、「皇威」（みたまのふゆ）とは何か

本論文のここまでの部分に挙げてきた「天皇霊」に関する史料を丁寧にみていくと、興味深い事実が浮かび上がってくる。

①日本武尊は、「皇霊之威」のおかげで熊襲国を平定した。そしてこれから、「頼二神祇之霊一、借二天皇之威一」ことによって、蝦夷と東国を従えようと語ったと伝えられる（「景行紀」四十年七月戊戌条）。しかし熊襲の首長を斬ったのは、日本武尊である。そしてこれから尊は、自らの力で、東方の敵と戦うことになる。

②田道間守は、「聖帝之神霊」のおかげで常世国から無事に帰って来られたと言ったとされる（「垂仁紀」九十九年十二月壬子条）。ここの常世国は、中国の江南地方ではないかともいわれる。その常世国から船などを用いて人力で戻ってきたのが田道間守のはたらきであることは、間違いない。

③高市皇子は壬申の乱が起こったときに、近江方が「天皇之霊」に背いて敗れると主張した（「天武紀上」元年六月丁亥条）。しかし近江方と戦って相手を倒すのは、高市皇子ら大海人方の軍勢である。

④蝦夷の首長の綾糟が、我らが大王に背けば「天地諸神及天皇霊」が我らを滅ぼすと言って誓ったとある（「敏達紀」十年閏二月条）。しかしもし蝦夷が反乱を起こした場合、それを鎮めるのは、敏達天皇の命令をうけた朝廷の軍隊である。

こういった用例をみていくと、古代の朝廷の人びとが「神の助け」についてどのように考えていたかが明らかになってくる。かれらは「みたまのふゆ」などと呼ばれる「神の助け」についてこう考えていた。「人びとのためになった善い事を行なうのが、神の意志に叶った行為である。私たちが神の意志に叶った行為を進めていくときに、神々は目に見えない形で力を借してくれるらしい。しかし自らの望みは、あくまでも自らの努力によって実現せねばならない」

つまり古代の日本人は、超越した能力をもつ神が不可解な力を用いて望みを叶えてくれるとはみていなかった。[15] だから古代の日本では、神と人とはきわめて近い位置にあったと評価できる。

立派な仕事をして多くの者に慕われた人物は、その没後に神として祭られる。どこにでもいる平凡な善人であっても、亡くなったあとは子孫の祭祀をうける神となる。

日本のどこにでもいるありふれた神は、さまざまな形で人びとを助ける。しかしその行為は、一柱の神が単独で行なうものではない。多くの神々に呼びかけて、神々の力を合わせて御利益をもたらすのである。

このような解釈を補強するために、古代の天皇霊に関する記事をいくつかあげておこう。

ⓐ「神功皇后」摂政前紀仲哀九年四月甲辰条に、神功皇后のつぎの言葉が伝えられている。

吾被二神祇之教一、頼二皇祖之霊一、浮二渉滄海一、躬欲二西征一。

これは三韓遠征におもむくときの、言葉である。神功皇后は「神祇の教《みこと》を被《う》け、皇祖《おおみおや》の霊《みたまのふゆ》を頼《こうぶ》り」と言っているが、遠征を決断したのは皇后自身である。そして三韓で活動するのも、皇后が指揮する大和朝廷の軍勢であったと伝えられている。

ⓑ『続日本紀』がつたえる橘奈良麻呂の変の処理のさいの宣命の中に次の文章がみえる。

此誠天地神乃慈賜比護賜比、挂畏開闢已来御宇天皇大御霊多知乃穢奴等乎伎良比賜弃賜布尓依弖、又盧舎那如来、観世音菩薩、護法梵王・帝釈・四大天王乃不可思議威神之力尓依弖志、此逆在悪奴等者顕出而、悉罪尓伏奴良志止奈母、

ここで天地の神、天皇霊さらに仏たちの力によって、悪事が露顕して謀反人が罪に伏することになったと言っている（天平宝字元年七月戊午条）。しかし奈良麻呂の企みを阻止したのは、謀反について密告した上道斐太津らや、それをうけて動いた役人である。

ⓒ県犬養姉女を巫蠱の罪で流罪にしたときの宣命にも、次に記すようなⓑに似た表現が出てくる。仏たちと天皇霊、天地の神のおかげで、謀り事が失敗におわったというのだ。

然母盧舎那如来、最勝王経、観世音菩薩、護法善神梵王・帝釈・四大天王乃不可思議威神力、挂畏開闢已来御宇天皇御霊、天地乃神多知乃護助奉都流力尓依弖、其等我穢久謀弖為留厭魅事皆悉発覚奴。（『続日本紀』神護景雲三年五月丙申条）

この事件の解決のために働いたのも、役人である。ⓑⓒの史料には、天皇霊や神々の他に仏の働きが記されている。これは奈良時代に、仏による鎮護国家の思想が高まったことからきたものである。もっとも、悪事を企てる者は神仏の怒りをうけるとする発想は、現代にも残っている。しかし役人が悪人を見つけて処罰する行為は、人間の世界の営みである。

ⓓ大仏造営のさいに、陸奥国から仏像の作製に欠かせない黄金がみつかった。このことを盧舎那仏に報告した聖武天皇の宣命のなかに、つぎの言葉がある。

朕波金少牟止念憂川々在尓、三宝乃勝神枳大御言験乎蒙利、天坐神・地坐神乃相宇豆奈比奉佐枳波倍奉利、又天皇御霊多知乃恵賜比撫賜夫事依弖顕自示給夫物在自等念召波、（『続日本紀』天平勝宝元年四月甲午条）

大伴家持が陸奥国の黄金の貢上を喜んで詠んだ和歌のなかにも、つぎの語がみえる。

鶏鳴《とりがなく》　東国乃《あづまのくにの》　美知能久乃《みちのくの》　小田在山尓《をだなるやまに》　金有等《くがねありと》　麻宇之多麻敝礼《まうしたまへれ》　御心乎《みこころを》　安吉良米多麻比《あきらめたまひ》
天地乃《あめつちの》　神安比宇豆奈比《かみあひうづなひ》　皇御祖乃《すめろきの》　御霊多須気弖《みたまたすけて》　遠代尓《とほきよに》　可ゝ里之許登乎《かかりしことを》　朕御世尓《わがみよに》　安良波之《あらはし》

弖安礼婆《てあれば》（『万葉集』十八巻四〇九四）

神々や仏、天皇霊の力で、黄金が出たという。しかし陸奥の砂金を見付けたのは、人間である。神護景雲改元にあたっての宣命に、天皇霊や仏、神々によって不思議な雲が現われたとする記述がある（『続日本紀』神護景雲元年八月癸巳条）。古代の人間の力では、雲を作れない。だからこのような例外は、確かにある。

しかし古代人が天皇霊の助けと考えた事例の大部分は、人間が神意に叶うように願いつつ行なったものなのである。

日本神話のなかに、このような「みたまのふゆ」に関連する興味深い記事がみえる。「神代紀上」八段の第六の一書にある。大己貴命（大国主命）と少彦名命の国作りについての話のなかの、つぎの部分である。

夫大己貴命、与二少彦名命一、戮レ力一レ心、経二営天下一。復為二顕見蒼生及畜産一、則定二其療レ病之方一。又為レ攘二鳥獣昆虫之災異一、則定二其禁厭之法一。是以、百姓至レ今、咸蒙二恩頼一。

ここの「恩頼」は、「みたまのふゆ」と訓まれている。これを文字通りに読めばこうなる。「いまの時代の『蒼生』つまり人間および家畜の病気を治療する医術はすべて大国主命と少彦名命によってつくられた」。

しかし古代の貴族は医術が日々、進歩していることを知っていたはずである。特に『日本書紀』が書かれた奈良時代には、中国からさまざまな新たな医学知識がもたらされて用いられていた。奈良時代の医術は、はるか昔とされる大国主命、少彦名命の時代のものと同一ではない。

だから日本の医術の祖とされる大国主命、少彦名命の「みたまのふゆ」を、このように解釈するのがよい。

「二柱の神々の意をうけて医術の発展に尽くした人びとの働きまで含めたもの」

古代の日本で「かんながら」という言葉がしばしば使われる。これは、「神の意志に従う」ことを意味する語である。人間が神の心を推しはかって行動すれば、その行為が「かんながら」になる。

このような「かんながら」の用例のなかの、つぎのものが注目される。

詔曰、惟神惟神者、謂レ随二神道一。亦謂三自有二神道一也。我子応治故寄。是以、与二天地之初一、君臨之国也。自二始治国皇祖之時一、天下大同、都無二彼此一者也。（「孝徳紀」大化三年四月壬午条）

これは大化の改新のときに出された、「品部廃止の第二の詔」などと呼ばれるものである。ここでは、大王（天皇）が日本を治めることが「神道に従う神の意志」だとされる。そして大王（天皇）が神の考えをうけて政治にあたれば、国内が良く治まると述べられている。

古代の日本では、大王（天皇）と神々とを一体のものとみる発想がつよかった。大王（天皇）は、「天皇霊」という一柱の特別な神に守られているから貴いのではない。多くの神の意志をうけて人びとのための政治を行なうことによって、慕われたのである。

律令制以前の大王（天皇）は、多くの神々を祭っていた(16)。物部尾輿らが排仏を唱えたときの、つぎの言葉が伝えられている。これは、六世紀の人びとの大王の祭祀に対する考えを反映していると思われる。

我国家之、王㆓天下㆒者、恒以㆓天地社稷百八十神㆒、春夏秋冬、祭拝為㆑事。方今改拝㆓蕃神㆒、恐致㆓国神之怒㆒。（「欽明紀」一三年十月条）

大化改新にあたって蘇我石川麻呂が、このように奏上している。

先以祭㆓鎮神祇㆒、然後応㆑議㆓政事㆒。（「孝徳紀」大化元年七月庚辰条）

王家（皇室）の祭祀は、「天神（神）、国神（祇）を祭る」といった形で漠然と表現されることが多い。このことはあらゆる神が、大王（天皇）のまもりとされていたことを示している。

そして奈良時代中期に、皇室と伊勢神宮とのつながりが強まる。(17) これは天照大神を皇祖神として特別に重んじる行為であった。しかしそうなった後にも天皇は、神祇官や国司をつうじて全国の主要な神社に祭られた多くの神々に対する祭祀を行ない続けた。

むすび

これまでの考察をつうじて、古代の宮廷の人びとが神々と人間との境をあいまいなものとする世界観を持っていたことが明らかになった。古代王家の祭祀も、そのような発想と深く関わっていた。氏神は、豪族の祖先神とは言いきれない。一定の土地に住む豪族がそこの住民をまもる神と結びつき、その神を氏神として祭り続けた。その神が奈良時代直前ごろから、さまざまな形で豪族の先祖の霊とつながっていく。

王家（皇室）の守り神も、これに似た性質のものであったと推測できる。まず王家の本拠地とされた纒向の土地を守る神々があった。のちになってその神々のなかに亡くなった大王の霊が加わった。

このようにしてできた王家（皇室）の守り神は、「天皇霊」などと呼ばれた。しかし、その実体は極めてあいまいなものであった。王家自身も、自家の守り神つまり天皇霊の明確な姿を、外部に明らかにしてこなかった。

大和朝廷の成立によって王家（皇室）は、神々の意志に従って日本全国の人びとを導く役目を持つとされた。そのために大王は、「天神、国神」などと呼ばれる、日本のあらゆる神々を祭った。

古代人は神々の恵みは、主に神の意志をうけた人間のはたらきによってつくられると考えていた。そのため大王（天皇）は清らかな気持ちを持って、人びとのためになる政治を行なわねばならないとされた。大王（天皇）の仕事は、清らかな神々の命によって国を治めることであるからだ。

これまでに記したような古代人の世界観は、個人主義の上にたつ現代人の世界観と全く異なるものであった。人びとは神のような気もちで、神々とともに生きる。そして政治を行なう大王（天皇）や首長は、神を祭り神意を受けて住民のために活動する。神意に従って人びとを導くことが、神を祭ることと同じ「まつりごと」とされたのである。

一個の首長の領域の住民が大きな家族となる。さらに日本人すべてが、大王（天皇）のもとで一つになる。首長霊信仰によって、このような社会が理想とされたのである。

最後に、首長霊信仰の理念をもつ大王の統治の起源についての私見を記しておこう。私は前にあげた敏達朝の蝦夷の服属の儀礼（「敏達紀」十年閏二月条）が、三輪山に向かって行なわれた点に注目したい。

『古事記』『日本書紀』が記す大和朝廷の草創期の伝承に、三輪山に関わるものが多い。十代崇神天皇は、「御肇国天皇（はつくにしらすすめらみこと）」（「崇神紀」十二年九月己丑条）とも呼ばれた。

この崇神天皇が、三輪山の大物主神を祭って疫病をしずめたとされる（「崇神紀」七年十一月丁卯条など）。そして崇神天皇の大叔母の倭迹々日百襲姫が崇神朝に巫女として大王を支えて活躍した。彼女は大物主神の妻になったという（「崇神紀」十年九月壬子条）。『日本書紀』などは最古の大型古墳である奈良県桜井市箸墓古墳を、倭迹々日百襲姫の墓とする。

初代神武天皇に関する記事は、伝説的である。しかし崇神天皇についての『日本書紀』などの記述は、初期の大和朝廷の大王にふさわしいものである。だから三輪山の祭祀に関する伝承と古墳の出現とを関連づける形で、首長霊信仰の起源についてつぎのように説明できまいか。

「三輪山の麓にある奈良県桜井市纒向遺跡を、発生期の大和朝廷の遺跡だとする説(18)が有力である。古墳は、この纒向遺跡に出現した。だから大和朝廷の誕生とともに、三輪山に集まる神々と古墳の祭祀を中心とする首長霊信仰がつくられた」

大王は、三輪山に集まる神々や大王の先祖をはじめとする多くの神々を祭った。このことによって、神意をうけて人びとを治めようとしたのである。そして大和朝廷の発展のなかで、大王に従った豪族たちが首長霊信仰をうけ入れた。

かれらは古墳をつくり、土地の守り神や自家の先祖を氏神としてまつった。そして大王と豪族たちの間で、こういった取り決めがされたのであろう。

「大王はあらゆる神の祭祀にあたり、豪族は自家の氏神だけを祭る」

日本統一は、このような首長霊信仰をふまえてなされた。そして現在の神道は、そのような首長霊信仰の発展の上にある。国内の有力な神社の多くが、古代豪族が祭ったかれらの守り神の系譜を引いている。神社をおこした古代豪族の中には、江戸時代末もしくは現代まで神職として続いたものもある。出雲氏の流れをひく出雲大社の千家家は、現代でも島根県の人びとに重んじられている。

かつて石母田正氏(19)は、古代日本を「在地首長制」のうえにたつ国家とした。しかし氏のいう「在地首長制」の実態は、これまでに記してきたような首長霊信仰に近いものではなかったろうか。

王家（皇室）と全国の豪族が、首長霊信仰をつうじて結びつく。豪族たちは領内の民衆に対して、自家がまつる神の神意にもとづく善政を行なう。そういった豪族たちの上にたった大王（天皇）が、日本全国をまとめ一国を治める政策を立案する。日本の律令制は、このような社会の上につくられたのである。

そのために日本の律令制の実態は、皇帝の専制を前提につくられた唐律令の拠る支配とは全く異なるものになった。中央では、大和朝廷以来の貴族による合議政治が行なわれた。そして地方では、地方ごとの慣行にもとづく地方豪族の政治が為されたのである。

中央でも地方でも、神事が重んじられた。天皇は宮廷の多くの祭祀を行なった。地方豪族の権威は、かれらが祭る神社に支えられたものであった。そのため朝廷は奉幣などを通じて、地方の神社とのつながりを維持した。このような神々の祭祀を重んじる統治が、十世紀の武士の出現まで行なわれたのである。

註

(1) 岡田精司「律令的祭祀形態の成立」(同『古代王権の祭祀と神話』塙書房、一九七〇年)。
(2) 矢野建一「律令国家の祭祀と天皇」(『歴史学研究』五六〇、一九八六年)、西宮秀紀「律令制国家の〈祭祀〉構造とその歴史的特質」(『日本史研究』二八三、一九八六年) など。
(3) 武光誠「神祇官と太政官との関係」(同『律令太政官制の研究』吉川弘文館、一九九九年)、「大嘗祭と太政官」(武光誠編『古代日本の政治と宗教』同成社、二〇〇五年) など。
(4) 武光誠『日本誕生』第一章 (文藝春秋、一九九一年)。
(5) 金関恕「祖霊信仰から首長霊信仰へ」(『歴史公論』八―九、一九八二年)。
(6) 武光誠『日本誕生』第一章 (註 (4))。
(7) 折口信夫「大嘗祭の本義」(同『古代研究』民俗学篇第二冊、大岡山書店、一九三〇年)。
(8) 吉田孝編「祖名について」(土田直鎮先生還暦記念会編『奈良平安時代史論集』上巻、吉川弘文館、一九八四年)。
(9) 岡田精司「大王就任儀礼の原形とその展開」(『日本史研究』二四五、一九八三年)。
(10) 熊谷公男「古代王権とタマ (霊)」(『日本史研究』三〇八、一九八九年)。

(11) 氏神については萩原龍夫「氏の神」(松前健編『神々の誕生』学生社、一九七九年) など参照。
(12) 熊谷公男「蝦夷の誓約」(『奈良古代史論集』一、一九八五年)。
(13) 熊谷公男「古代王権とタマ (霊)」(註 (10) 前掲)。
(14) 武光誠『日本誕生』(註 (4) 前掲)。
(15) このような神観念は武光誠『日本人なら知っておきたい神道』(河出書房新社、二〇〇三年) 三〇―三一ページに記したような現代の神道の考えとも共通するものである。
(16) このあたりの王家の祭祀については西宮秀紀「神祇祭祀」(上原真人他編『列島の古代史ひと・もの・こと』七、岩波書店刊、二〇〇六年) など参照。
(17) 直木孝次郎「奈良時代の伊勢神宮」(『続日本紀研究』二―二、六、一一、一二、一九五五年) など参照。
(18) 寺沢薫「纒向遺跡と初期ヤマト政権」(『橿原考古学研究所論集』六、吉川弘文館、一九八四年) など参照。
(19) 石母田正『日本の古代国家』第四章 (岩波書店、一九七一年)。

吉備白猪・児島屯倉と屯倉制

森　公章

屯倉（御宅、屯家、三家、三宅、官家）、屯田（御田）は辞典類や教科書的には天皇の直轄地、倉を有するヤケを中心とする農業その他の王権の直轄的経営の拠点と説明されることが多いが、律令制地方支配成立以前の地方統治のしくみを考える上で、屯倉制は国造制・部民制とともに重要な要素である。私は先に「評司・国造の執務構造」（以下、別稿Iと称す）、「評制と交通制度」（別稿II。ともに『地方木簡と郡家の機構』〈同成社、二〇〇九年〉に所収）などの論考を草し、国造制・部民制と屯倉制との関係を検討した。屯倉制については、別稿Iでは国造の中央政府に対する貢納の拠点としての性格を強調し、別稿IIでは屯倉には倭王権が国造支配のためにその拠点に置いたものと、国造の支配領域に部民制的貢納の拠点として存立していたものの二種類があるという理解を支持し、後者の方を主とする支配制度であったと見ている。

但し、これらは個別の屯倉を取り上げて具体的に考察したものではない。また律令制地方支配の前提に関しては、古くから国造制なのか、屯倉制なのかという議論があるが、私としては国造制の方に重点を置くべきだと考えているため、(1)屯倉制そのものに関しては論究が不充分なところもあると感じている。律令制地方支配成立の淵源、統治機構としての特質に関しては、屯倉制を重視する見解もなお有力であり、(2)それぞれの屯倉の実態解明をさらに進める必要があると思う。

そこで、小稿では比較的史料に恵まれ、また屯倉制と律令制地方支配の系譜的つながり如何を検討する際に注目される吉備白猪・児島屯倉を例として、その設置の様態や管掌構造、屯倉制全体との関係、そして律令制地方支配成立過程との相関関係のあり方などについて考察を加えてみたい。両屯倉の設置事情については、六世紀の対外関係の展開の中における歴史的位置という観点から、若干の論及を行っているが、(3)その知見とも合せて、改めて屯倉制に体現される支配形態の実相を明らかにしたいと考える。

一　白猪・児島屯倉の設置

まず白猪・児島屯倉に関する史料を掲げると、次の如くである。

a 『書紀』欽明十六年七月壬午条

遣㆓蘇我大臣稲目宿禰・穂積磐弓臣等㆒、使㆔于吉備五郡置㆓白猪屯倉㆒。

b『書紀』欽明十七年七月己卯条

遣二蘇我大臣稲目宿禰等於備前児島郡一置二屯倉一、以二葛城山田直瑞子一為二田令一〈田令、此云二陀豆歌毗一〉。

c『書紀』欽明三十年正月辛卯朔条

詔曰、量二置田部一、其来尚矣。年甫十余、脱レ籍免レ課者衆。宜下遣二膽津一〈膽津者、王辰爾之甥也〉検中定白猪田部丁籍上。

d『書紀』欽明三十年四月条

膽津検二閲白猪田部丁者一、依レ詔定レ籍、果成二田戸一。天皇嘉二膽津定レ籍之功一、賜レ姓為二白猪史一、尋拝二田令一、為二瑞子之副一〈瑞子見レ上〉。

e『書紀』敏達三年十月丙申条

遣二蘇我馬子大臣於吉備国一増三益白猪屯倉与二田部一。即以二田部名籍一授二于白猪史膽津一。

f『書紀』敏達四年二月壬辰朔条

馬子宿禰大臣還二于京師一、復二命屯倉之事一。

g『書紀』敏達十二年是歳条

（上略）日羅等行二到吉備児島屯倉一。朝庭遣二大伴糠手子連一而慰労焉。復遣二大夫等於難波館一使レ訪二日羅一。

白猪・児島屯倉は設置時の状況とその後の展開が知られるほとんど唯一の事例である。その関係史料の性格をめぐっては、c～eの白猪史膽津の活躍に着目して、cの前提であるb・c・dを白猪史氏の家記に依拠したもの、a・e・fを稲目・馬子の報告に基づくものと二系統に分類して理解するか(4)、あるいはa・b・eを同系統とすることも可能であるから、この二系統分類には積極的な根拠がないとして、全体を家記に由来する記事と見るべきであるという見解の相違が存する(5)。また児島屯倉が後の備前国児島郡の地に置かれた点には異論がないが、白猪屯倉については、「吉備五郡」というaの特異な表現に関連して、吉備地域の特定の場所に設置された単独の屯倉なのか、吉備地域に散在したものなのか、あるいはそうしたいくつかの屯倉の総称なのか、さらには上述の関係史料の系統論とも関わって、白猪屯倉と児島屯倉を同じものと見ることができるか否か、両屯倉の関係如何という、白猪・児島屯倉の基本的なあり方につながる論点が存する。

関係史料の系統分類をめぐっては、すでにいくつかの分類案が示されており、大きくは白猪史氏の家記と蘇我稲目・馬子の報告に基づく朝廷の記録に依拠していることがわかるものの、すべての記事を二分類することは難しく、複数の分類が可能であると思われる。『書紀』皇極四年六月己酉条「蘇我臣蝦夷等臨㆑誅、悉焼㆓天皇記・国記、珍宝㆒。船史恵尺即疾取㆓所㆑焼国記㆒、而奉㆓献中大兄㆒。」によると、白猪史膽津の叔父王辰爾を祖とする船史氏は蘇我氏の下で史書編纂に関与していたことが窺われ、c～eは膽津だけでなく、e・fの馬子に関する事蹟と位置づけることもできるので、『書紀』あるいはそれに先行する史書編纂作業の中で、いくつかの依拠史料が融合されて記事が作られていると見ておきたい。したがって史料の系統論のみから両屯倉のあり方を云々することは難しいと思うので、両屯倉、特に白猪屯倉の比定地に関連する史料を検討してみたい。

h『続紀』神護二年二月甲午条（参考）

授二正六位上白猪与呂志女従五位下一。入唐学問僧普照之母也。

i『続紀』神護二年十二月庚戌条

美作国人従八位下白猪臣大足賜二姓大庭臣一。

j『続紀』景雲二年五月丙午条

美作国大庭郡人外正八位下白猪臣證人等四人賜二姓大庭臣一。

k『平城宮発掘調査出土木簡概報』十六―六頁

・三家郷白猪部少國

・調塩三斗　032

l同十六―一〇頁

・備前国邑久郡方上郷寒川里

・白猪マ色不知□二尻　031

m同二十二―三八頁（三十一―四〇頁で訂正）

・備前国子嶋郡小豆郷志磨
・里　白猪部乙嶋調三斗　　140・26・3　032

n同三十七―九頁
・備中国哲多郡□□《〔乃カ〕》郷白米五斗
・□人白猪部身万呂　　（225）・20・3　032

白猪屯倉の設置場所に関しては、i・jにより美作国大庭郡という中国山地の地であり、吉備の鉄資源を掌握するためのものだという見方が有力であった。(6)しかし、史料の系統論の提唱により新たな見方が呈され、さらにその後に白猪を冠する氏姓の分布には新出土文字資料が付加されている。k～nの白猪部は白猪史膽津や彼の白猪史賜姓に由来する白猪屯倉の名称と関連するものと見ることができるから、k～mの備前国邑久郡方上郷や児島郡三家郷・小豆郷における分布が知られた段階で、aの「吉備五郡」を吉備氏が支配領域とする吉備の五県（『書紀』応神二十二年九月庚寅条）と関係する表現と解して、白猪屯倉は吉備の複数箇所に設置されたものであり、全体を白猪史が管理したので、氏族名を冠した屯倉の名称になったとする複数屯倉の総称説が呈されるに至った。(7)

『書紀』安閑二年五月甲寅条の二十六屯倉設置記事の中には「備後国後城屯倉・多禰屯倉・来履屯倉・葉稚屯倉・河音屯倉、婀娜国膽殖屯倉・膽年部屯倉」が見えており、白猪屯倉をこれら吉備地域に散在する屯倉の総称とする説は以前からも示されていた。(8)k～mの出現をふまえた新説ではまた、「白猪」の語義として『古語拾遺』に記された御歳神奉祀の際に白猪・白馬・白鶏を献上したという事例により(9)、これは農耕儀礼に関わるものであって、御歳神＝葛木御歳神社を媒介として、白猪屯倉設置を推進した蘇我氏、葛城の在地勢力である葛城山田直氏、その下僚として活躍した白猪史氏が結びついている点も指摘されている。したがって白猪屯倉の設置目的としては、鉄資源の確保よりもむしろ農業経営の振興・水田耕地の拡大整備が中心であったということになる。児島屯倉は全体としての白猪屯倉の一つであって、客館を付設した港湾機能に留意したもの（g）と位置づけられ、加耶諸国の滅亡によって朝鮮半島南部に倭国が有していた権益を失うという情勢の中で、倭王権の財政基盤整備が求められたこと、大和・紀伊・吉備・筑紫という瀬戸内海で結ばれる政治上・軍事上の要地が選択されたことなどが背景として説明できるとされる。

白猪・児島屯倉設置に関わる朝鮮半島情勢の理解については後述することにして、k～mをふまえたこの新知見に対して、私見を整理してみたい。まず白猪部の分布のうち、lの備前国邑久郡方上郷には美作国からの京上物を搬出する方上津があったことに注目すると（『延喜式』巻二十六主税上・諸国運漕雑物功賃条）、美作方面に所在した白猪屯倉からの貢上物を集積する施設が存在し、そこに白猪史と関係する白猪部が配されたと説明することもできると思われる。aの「吉備五郡」は吉備氏の支配領域、吉備国の謂に他ならず、上掲安閑紀の事例、またbの児島屯倉のように、屯倉の名称は個別の屯倉を示しているので、aは吉備国の中のどこかに白猪屯倉という単独の屯倉を設置したと解するべきであろう。「白猪」の名称は勿論後に賜姓される白猪史膽津がc～eの如き活躍をしたことによる命名と考えられ、当初の名称は異なっていた可能性も考慮したい。そして、その所在地はやはりi・jとの関係を重視すべきであると思う。奈良時代の改姓は前代の職名などに関連するものから居住地による呼称へと変更される事例が多いから、白猪臣と白猪屯倉の密接な関係、臣姓の在地豪族として白猪屯倉の設置に協力し、その経営を支えたこと、即ち美作国大庭郡付近における白猪屯倉の存在を強く示唆しているものと解される。

次にb・dによると、田令が置かれたのは児島屯倉であることに留意したい。dでは白猪史膽津が田令葛城山田直瑞子の副になったとあり、膽津は児島屯倉の副田令に任じられたと読むことができる。k・mの備前国児島郡における白猪部の分布は、副田令である膽津が児島屯倉で執務したことに関係するのではないかと考えてみたい。gによれば、児島屯倉は那津官家―児島屯倉―難波という形で瀬戸内海交通の拠点にあったことが知られ[10]、白猪部、また三家郷の地名（kなど）や三家連姓者（『平城宮木簡』一―三二三号）など屯倉関係の氏族や地名が遺存する児島屯倉こそが吉備地域に設置された諸屯倉の中心であったと見なされる。lの方上津も児島屯倉を基点とする海上交通とのつながりで統括が可能となろう。

そして、白猪・児島屯倉設置の背景となる朝鮮半島情勢の理解である。『書紀』欽明紀の構成では欽明十五年（五五四）十二月条で百済聖明王が新羅に敗死するところまでは、ほとんどが朝鮮半島の動向に関する記述で占められており、それ以後にa・bなど国内支配体制の整備を示す記事が登場する。六世紀に入った継体朝以降、半島では北方を高句麗に押さえられた百済と新羅が、小国が分立する加耶諸国の争奪を企図して侵攻・戦闘を展開していた。百済は西方から、新羅は東方から加耶諸国を侵占し、継体朝末の五三〇年頃には南部加耶諸国の中の有力国である安羅を挟んで両国が対峙する段階に入る。ここで欽明紀前半で詳述されるのが、百済聖明王による「任那復興会議」の開催である。これは新羅の侵攻を撃退して、安羅を如何にして百済側に取り込むかという方策に他ならず、この百済の侵攻に対抗する存在として「任那日本府」の動向、また「日本府」が安羅やその他の加耶諸国と共同歩調をとる様子などが描写されている(11)。

「任那日本府」は原史料である「百済本記」には「在安羅諸倭臣等」と表記されていたと考えられ(『書紀』欽明十五年十二月条)、その存在は五世紀以来の中央・地方有力豪族と加耶地域との関係を反映したものであり、必ずしも倭王権中枢部と直接のつながりを持つものではなかったと解される。その構成員には日本府大臣—日本府臣の序列があり、前者には倭の中央豪族が就任し、許勢臣から的臣へという交替も知られる。後者には吉備臣などの地方豪族があり、その下に河内直・阿賢移那斯・佐魯麻都など加耶系の人々(倭人との混血児を含む)が実務官として実権を握るという実態であった。特に吉備臣は「在安羅諸倭臣等」の中心人物と目され、加耶系の河内直らとともども、百済側から指弾されている。彼ら「在安羅諸倭臣等」は本国である倭国の朝廷、あるいはそれぞれの出身豪族ともいくつかのパイプを有しており、何よりも自らの存立・活動の場を保持するために、独立維持を希求する安羅など残存の加耶諸国と共同して、百済と新羅、倭国、さらには高句麗とも外交交渉を行い、その時々で最善の方策を模索する活動を行ったのである。[12]

○―1『書紀』雄略七年八月条

官者吉備弓削部虚空取レ急帰レ家。吉備下道臣前津屋〈或本云、国造吉備臣山〉留二使虚空一、経レ月不レ肯三聴上二京都一。天皇遣二身毛君丈夫一召焉。虚空被レ召来言、（中略・前津屋の呪詛的行為）天皇聞二是語一、遣二物部兵士卅人一、誅二殺前津屋并族七十人一。

○―2『書紀』雄略七年是歳条

吉備上道臣田狭侍二於殿側一、盛称二稚媛於朋友一曰、（中略）天皇傾レ耳、遙聴而心悦焉、便欲下自求二稚媛一為中女御上、拝二田狭一為二任那国司一、俄而天皇幸二稚媛一。（中略）田狭既之二任所一、聞三天皇之幸二其婦一、思三欲求レ援而入二新羅一。（中略・田狭と稚媛の所生子弟君が新羅征討などのために渡海）任那国司田狭臣乃善二弟君不レ伐而還一、密使二人於百済一、戒二弟君一曰、汝之領項有二何牢錮一、而伐レ人乎。伝聞、天皇幸二吾婦一遂有二児息一（分註略）。今恐禍及二於身一可二蹻レ足待一。吾児汝者、跨二拠百済一、勿レ使レ通二於日本一。吾者拠二有任那一亦勿レ通二於日本一。（下略）

○―3『書紀』清寧即位前紀八月是月条…稚愛所生の星川皇子の乱

吉備上道臣等聞二朝作レ乱、思レ救二其腹所レ生星川皇子一、率二船師卌艘一、求二浮於海一。既而聞レ被二燔焼一、自レ海而帰。天皇即遣レ使嘖二譲於上道臣等一、而奪二其所レ領山部一。

五世紀後半に倭王権が強化され、大王号が成立する過程で、中央有力豪族の葛城氏とともに、地方有力豪族である吉備氏にも王権からの圧力がかけられることになる。[13] ｏ—１の二重身分的奉仕者の王権側への引き込みやｏ—１〜３の吉備氏に対する攻勢である。しかし、ｏ—２の田狭や弟君は半島において吉備氏の勢力を維持していたようであり（『書紀』欽明五年三月条には「的臣等〈等者、謂吉備弟君臣・河内直等也〉」と見える）、国内でも『書紀』顕宗二年四月丁未条の播磨国司来目部小楯に対する褒賞の場面には、「小楯謝曰、山官宿所㆑願。乃拝㆓山官㆒、改賜㆓姓山部連氏㆒、以㆓吉備臣㆒為㆑副、以㆓山守部㆒為㆑民。」とあるので、ｏ—３の製鉄に関係すると目される山部や山守部に対する実質的な支配権は吉備氏が保持しており、吉備の鉄の権益はなお吉備氏の勢力を支えていたと考えられる。

　こうした中で欽明十五年に百済聖明王が新羅との戦闘で敗死すると、百済は加耶地域から後退を余儀なくされ、安羅は新羅の勢力下に入り、「在安羅諸倭臣等」の存在意義・活動の場も失われ、欽明二十三年（五六二）の大加耶滅亡・新羅による加耶諸国の併呑完成に帰着することになる。[14] この過程で吉備氏は半島との独自の通交によって得ていた文物移入ルートなどを失い、大打撃を被ったものと推定され、ここに吉備氏制圧の機会が生じるのである。ａ・ｂの白猪・児島屯倉は当時の倭王権の中心人物である蘇我氏が自ら現地に赴いている点が特徴であり、そこには那津官家—児島屯倉—難波という瀬戸内海交通の拠点確保とともに、吉備氏の勢力の源泉となる中国山地の鉄と瀬戸内の塩を奪取して、吉備地域を倭王権の完全な服属下に置くという意図があったのであろう。[15]

　白猪屯倉を美作地域に比定し、中国山地の鉄との関係を想定する理由として、近年出土のｎに留意したい。nは備中国哲多郡にも白猪部姓者が分布することを示しており、児島屯倉の副田令白猪史膽津の活動範囲の広がりを教えてくれる。延喜主計上式によると、備中国は調として鍬・鉄を輸しており、平城宮跡出土木簡では賀夜郡からの鍬・調鉄の貢上例が知られる（『平城宮木簡』一—三二一号、四—四六六九号）。哲多郡は吉備氏一族の拠点である下道郡・賀夜郡の北に所在しており、ここにも山間部の鉄を掌握するための屯倉が置かれ、白猪屯倉ともども、白猪史膽津の管理下にあったのではないかと推定されるのである。

そして、児島屯倉の設置目的には瀬戸内の塩の把握という目的もあったと考えられる。

p『書紀』武烈即位前紀十一月戊子条

（上略・平群氏の討滅）真鳥大臣恨㆓事不㆒㆑済、知㆓身難㆒㆑免、計窮望絶、広指㆑塩詛。遂被㆓殺戮㆒、及㆓其子弟㆒。詛時唯忘㆓角鹿海塩㆒、不㆓以為㆒㆑詛。由㆑是、角鹿之塩為㆓天皇所㆒㆑食、余海之塩為㆓天皇所㆒㆑忌。

pの伝承の如く、律令制下においても若狭国が塩の貢進国として著名であり（敦賀津から琵琶湖を経て畿内に塩が齎されたので、「角鹿海塩」として認識されていたか）、平城宮跡出土木簡には三家人姓者の存在が判明しているので、若狭にも屯倉が置かれ、国造である膳氏を介して塩の貢納が行われたと見なされる[16]。『書紀』欽明三十一年四月乙酉条・五月条には「郡司」道君が大王と称して高句麗使を抑留しようとした出来事が記されており、北陸方面でも地方豪族が独自の外交を展開していたことと倭王権がその外交権接収を行った様子が知られるが、北近江・越前などを基盤とした継体大王が即位した頃には「角鹿海塩」は倭王権の掌握下に入っていたと思われる。但し、pの大王に供膳される「角鹿海塩」という位置づけは、一方では瀬戸内の塩の掌握が遅れたことによる結果論的な説明と見ることもできよう。『三国史記』巻四十五昔于老伝には、昔于老が倭国の使者に対して戯れに「早晩以二汝王一為二塩奴一、王妃為二爨婦一」と言ったとあり、これは朝鮮半島から見て倭国が塩の供給先として意識されていたのではないかと指摘されており[17]、そこに半島との関係を有していた吉備氏の瀬戸内の塩の使途を想定したい。

以上、白猪・児島屯倉設置に関わる基本的理解について私見を示してみた。白猪屯倉に関しては、ｃ・ｄの田部・田戸や丁籍・名籍など屯倉の管理方式を考える材料もあり、節を改めてそれらの問題を検討した上で、地方支配の中での屯倉制の意味合いを探究することにしたい。

二　管掌形態とその歴史的位置

史料ｃ・ｄによると、白猪屯倉には田部が設定されていたが、ａの設置記事から十余年を経て、「籍」を脱して課役を免れようとする者が増加したので、王辰爾の甥である膽津を派遣し、「白猪田部丁籍」を検定させ、定籍によって「田戸」となすことができたという。この功績によって膽津は白猪史を賜姓され、児島屯倉の副田令になることができたわけであるが、『書紀』欽明十四年七月甲子条には「蘇我大臣稲目宿禰奉レ勅遣二王辰爾一数二録船賦一。即以二王辰爾一為二船長一、因賜レ姓為二船史一。今船連之先也。」とあり、この一族は計数能力に優れていたものと思われ、ｅに続いては、敏達三年十月戊戌条に「詔、船史王辰爾弟牛賜レ姓為二津史一。」という記事も見える。

そのeでは白猪屯倉と田部が増益されて、「田部名籍」が膽津に授けられたと記されており、c・dの「田部」と「田戸」、「田部丁籍」と「田部名籍」の相違如何も白猪屯倉をめぐる重要な論点になっている。この点に関しては、「田部丁籍」段階では労働力を提供する一定年齢以上の男子のみを掌握するものであったが、田部の戸を「田戸」として把握した段階では「田部名籍」が作られたとして、両者の段階差を考える説と、[18]「丁籍」は対象が「丁」、「名籍」は「丁」の名を記すという形式による名称であって、史料系統の違い（b・c・dとa・e・f）による表記の差に過ぎず、実態は同じものであるとする説が存する。[19]

白猪屯倉の管掌形態を考える上で、まずは他の屯倉の様相や「戸」を単位とする支配方式の存否などを検討してみたい。周知のように、渡来系氏族の中には飛鳥戸・春日戸・史戸など「～戸」を称する事例が存し、この「戸」は必ずしも「部」に置換されるものではないから、「戸」による支配の源流は渡来人の把握方式に由来するものと見る説が有力である。[20]

q―1『書紀』応神十四年是歳条

弓月君自二百済一来帰。因以奏之曰、臣領二己国之人夫百廿県一而帰化。（下略）

q―2『書紀』応神二十年九月条

倭漢直祖阿知使主、其子都加使主、並率二己之党類十七県一而来帰。

q―3『書紀』雄略十五年条

秦民分散、臣連等各随レ欲駈使、勿レ委二秦造一。由レ是、秦造酒甚以為レ憂、而仕二於天皇一。天皇愛寵之、詔聚二秦民一賜二於秦酒公一。公仍領二率百八十種勝一、奉二献庸調絹縑一、充二積朝庭一。因賜レ姓曰二禹豆麻佐一〈一云禹豆母利麻佐。皆盈積之貌也〉。

q—4『書紀』雄略十六年七月条

詔宜レ桑国県殖レ桑。又散二遷秦民一、使レ献二庸調一。

q—5『書紀』雄略十六年十月条

詔聚二漢部一、定二其伴造者一、賜レ姓曰レ直〈一本云、賜二漢使主等一賜レ姓曰レ直〉。

q—6『書紀』欽明元年八月条

（上略）召二集秦人・漢人等諸蕃投化者一、安二置国郡一、編二貫戸籍一。秦人戸数惣七千五十三戸、以二大蔵掾一為二秦伴造一。

五世紀後半に葛城氏が勢威を失う中で、渡来人は倭王権によって管理され、雄略朝における大王号の成立や宮廷組織の整備、先進文物の導入にも彼ら渡来人の役割が大きいとされる。渡来人はq—1・2の如くに集団として到来し、2〜5のように、雄略朝ではその範囲や動向、全体の統率者が王権によって決定されていたことが窺われる。そしてq—6では戸数把握が行われていたと記されており、確かに「戸」による人民管理の源流の一つに渡来人の掌握方式が存したことは認めねばならない。では、こうした「戸」による把握は全国的に広がっていたのであろうか。

r 『隋書』倭国伝

有㆓軍尼一百二十人㆒、猶㆓中国牧宰㆒。八十戸置㆓一伊尼翼㆒、如㆓今里長㆒也。十伊尼翼属㆓一軍尼㆒。

s 『書紀』推古十五年是歳条

於㆓倭国㆒作㆓高市池・藤原池・肩岡池・菅原池㆒、山背国掘㆓大溝於栗隈㆒、且河内国作㆓戸苅池・依網池㆒。亦毎㆑国置㆓屯倉㆒。

t 『書紀』安閑元年閏十二月壬午条

行㆓幸於三嶋㆒。大伴大連金村従焉。天皇使㆓大伴大連㆒問㆓良田於県主飯粒㆒、県主飯粒慶悦無㆑限、謹敬尽㆑誠。仍奉㆓献上御野・下御野・上桑原・下桑原并竹村之地、凡合肆拾町㆒。大伴大連奉㆑勅宣曰、（中略）今汝味張、率土幽微百姓、忽爾奉㆑惜㆓王地㆒、軽㆓背使乎宣旨㆒。味張自㆑今以後、勿㆑預㆓郡司㆒。於㆑是県主飯粒喜懼交㆑懐、迺以㆓其子鳥樹㆒、送㆓大連㆒為㆓僮豎㆒焉。於㆑是、大河内直味張恐畏永悔、伏㆑地汗流。啓㆓大連㆒曰、愚蒙百姓、罪当㆓万死㆒。伏願、毎㆑郡以㆓钁丁㆒、春時五百丁、秋時五百丁、奉㆓献天皇㆒、子孫不㆑絶。藉㆑此祈㆑生、永為㆓鑑戒㆒。別以㆓狭井田六町㆒賂㆓大伴大連㆒。蓋三嶋竹村屯倉者、以㆓河内県部曲㆒為㆓田部㆒之元、於㆑是乎起。

倭国における戸数把握の方式と言えば、rの記事が想起されてくる。但し、rに描かれた軍尼―伊尼翼による支配は、これを国造―稲置と解して、全国的な国―県、あるいはクニ―コホリによる統治、屯倉を核とするコホリの存在を想定するか、これを畿内に限定されたものと見るかで評価が分かれるところになる。[21] この点については別稿Ⅰでも触れたところであるが、『隋書』倭国伝には畿内ヤマトに至る経路を示した上で、「自㆓竹斯国㆒以東、皆附㆓庸於倭㆒」とあり、当時の倭国は倭＝畿内ヤマトの王権に小国が附庸する形で存立していると認識されていたこと、その倭の戸数約十万戸と軍尼・伊尼翼による戸数計算九万六千戸とが近似していることなどにより、私はやはり畿内に限定して考える方がよいと見ている。畿内に関しては、tの河内国造と三島県主の関係のように、重層構造による支配形態が存していたことが窺われるところである。

このような畿内における「戸」を単位とする支配方式は、当該期の大王家による畿内の開発を背景に施行されていくものと思われる。かつては屯倉制を前期屯倉と後期屯倉に分け、六世紀以前の記紀の畿内を中心とする池溝開発と屯倉の設定記事、倭屯倉と倭屯田の併存などにより、四世紀末～五世紀の前期屯倉は畿内地域に屯田を伴って設置される開墾地系屯倉であると説明されていた。[22] しかし、記紀の屯倉記事のうち、確実な屯倉設置は後期屯倉の始まりとされる磐井の乱後の糟屋屯倉が最初のものであり、屯倉は畿外の有力豪族の服属とその後の貢納の拠点設定を本義とするものであるとする理解が有力になっていると思われる。[23] そして、六世紀以前の記紀の池溝開発記事は、sの推古紀に見える記事と重複し、その遡源を窺わせるものであり、むしろsによる大和・山背・河内地域の開発進展とこの三国への屯倉設定、大王家の経済基盤としての畿内の確立という画期を評価すべきであるという指摘もなされている。[24]

u―1　『書紀』安閑元年十月甲子条

（上略）請為二皇后次妃一、建二立屯倉之地一、使レ留二後代一令レ顕二前迹一。詔曰、可矣。宜二早安置一。大伴大連金村奏称、宜以三小墾田屯倉与二毎レ国田部一、賜二貺紗手媛一、以三桜井屯倉〈一本云、加二貺茅渟山屯倉一〉与二毎レ国田部一、給二賜香香有媛一、以三難波屯倉与二毎レ郡钁丁一、給二貺宅媛一、以示二於後一、式観二乎昔一。詔曰、依レ奏施行。

u―2『書紀』安閑二年九月丙午条

詔二桜井田部連・県犬養連・難波吉士等一、主二掌屯倉之税一。

u―3『新撰姓氏録』河内国皇別・大戸首条

阿閇朝臣同祖、大彦命男比毛由比命之後也。謚安閑御世、河内国日下大戸村造二立御宅一、為レ首仕二奉行一。仍賜二大戸首姓一。日本紀漏。

v『書紀』欽明十七年十月条

遣二蘇我大臣稲目宿禰等一、於二倭国高市郡一置二韓人大身狭屯倉〈言二韓人一者、百済也〉・高麗人小身狭屯倉一。紀国置二海部屯倉一。〈一本云、以二処処韓人一為二大身狭屯倉田部一、高麗人為二小身狭屯倉田部一。是即以二韓人・高麗人一為二田部一、故因為二屯倉之号一也。〉

tは春日山田皇女のための屯倉設置に対して、安閑元年七月辛巳朔条で大河内直味張が良田箇択を断ったことに伴う措置を描いた記事であるが、tの摂津・三島竹村屯倉四十町は律令制下の摂津国の官田（屯田）三十町（田令置官田条）の由来を示すものと解される。u―2は全国的な屯倉全体の統治に関わる機構ではなく、[25] u―1に見える大和の小墾田屯倉（―県犬養連）、河内地域の桜井屯倉・茅渟山屯倉（―桜井田部連）、難波屯倉（―難波吉士）それぞれの管理に関連するものと考えるのがよいであろう。[26] u―3も同時期の同様の記事と位置づけることができる。

ところで、u―1では「毎国田部」や「毎郡钁丁」、白猪・児島屯倉と同時期に畿内に設定されたvの諸屯倉でも田部の供給源が特記されている。tの三島竹村屯倉では土地を献上したのは県主飯粒であるが、屯倉の労働力となる钁丁を提供するのは国造大（凡）河内直氏であり、それは「河内県部曲」を田部とすると表現されるものであった。钁丁が登場するのは難波屯倉と三島竹村屯倉だけであり、钁丁は五世紀代に渡来人が開発を進めた河内地域に特有の改良された鉄製農具を持つ役夫の意であるとする説を参照すれば、[27] 淀川流域の摂津の地ではこの钁丁による耕地の安定化を経た後に、彼らが田部として屯倉の耕営に従事する流れとして理解される。

以上、「戸」による把握に関連して、畿内の屯倉のあり方を屢述したが、畿外の屯倉の中で唯一同様の支配方式が窺われるのがc～eの白猪屯倉なのである。白猪屯倉の「丁籍」と「名籍」、「田部」と「田戸」については断案はないが、dによると、cの「丁籍」には「田部丁者」が登載されていたようであり、この「田部丁者」とは钁丁の如き屯倉設置時の労働力徴発に即したもので、彼らを田部として安定的に把握した結果、eでは「田部名籍」に記載したとする理解も可能であると思う。[28] 但し、「田部」と「田戸」にはどのような差違があるのか、戸籍作成の源流を渡来人の把握や畿内を中心とする各屯倉の田部の掌握に求めるとしても、全国規模での作成や六年一造制の如き定期的な造籍とは発想が異なっており、どのような形で「田部」、「田戸」の管理が可能であったのかなどには疑問も残るところである。

ｔの三島竹村屯倉は在地豪族たる大（凡）河内直氏が一定の労働力を提供することで、田部の確保が維持できたものと見なされる。畿内の各豪族もそれぞれに存立基盤を保持していたのであり、[29]ｕ—３の大戸首は屯倉の運営に関与し続けたものと解される。別稿Ⅱで触れたように、大化五年に全国的に施行された評制には下部組織として部民制的貢納に由来する五十戸という単位が存していたようである。五十戸は元来貢納の単位であって、屯倉の中で「戸」単位の把握を明確化することは、ｔの钁丁五百丁の如き数量的負担を明示・確認する意味合いがあり、白猪屯倉の「丁籍」・「名籍」にもそうした機能が求められたのではないかと考えてみたい。

『書紀』敏達二・三年条や十二年条では後の備前国邑久郡の郡領氏族で、[30]大伯国造と目される吉備海部直氏が倭王権の外交的用務に役使されており、ｅの白猪屯倉増益が実施された背景としては、吉備氏の勢力後退と白猪・児島屯倉の設置による倭王権の吉備制圧が挙げられ、白猪・児島屯倉に同時期の畿内の屯倉と同様の管掌方式を導入し得たことは大きな結果につながったと思われる。では、白猪・児島屯倉はその後どのように展開していくのであろうか。白猪史以外の関係者、ｉ・ｊの白猪臣の如き在地豪族はどうなるのだろうか。最後に屯倉制と律令制的地方支配の関係如何、また白猪・児島屯倉の行方の問題などについて私見をまとめることにしたい。

三　屯倉制と地方支配

「はじめに」で述べたように、別稿Ⅰ・Ⅱでは屯倉には倭王権が国造支配のためにその拠点に置いたものと、国造が部民制的貢納の拠点として設営したものの二種類があるという見方を支持している[31]。前二節で検討した白猪・児島屯倉は前者の代表例であり、かつこのタイプの屯倉は畿外にはあまり存在しないようである。畿外の屯倉の大部分は後者に属し、国造が部民制施行などによる一定の貢納物を進上する拠点となるものであったと考えられる。『書紀』大化二年正月甲子朔条の改新詔第一条に「昔在天皇等所ㇾ立子代之民・処々屯倉」と見えるもの、三月壬午条の皇太子奏に「其群臣連及伴造・国造所有昔在天皇日所ㇾ置子代入部、皇子等私有御名入部、皇祖大兄御名入部〈謂彦人大兄也〉及其屯倉」とあるものがこれである。

皇太子奏にはまた、「別以二入部所封民一簡二充仕丁一、従二前処分一。自余以外、恐私駈役。故献二入部五百廿四口・屯倉一百八十一所一」とあり、これを仕丁差点基準の変更（三十戸に一人から五十戸に一人。改新詔第四条副文、または『書紀』大化二年八月癸酉条〈品部廃止の詔Ⅰ・東国等国司への詔Ⅳ〉による）に伴う入部＝イルトモノヲとして奉仕する仕丁とその人的貢納の拠点としての屯倉の差額返却分とすれば、一屯倉を約三口で換算すると、入部七百八十六口・屯倉二百六十二所は依然として中大兄が所有していたことになる。[32] 即ち、皇祖大兄＝彦人大兄皇子―田村皇子（舒明）―中大兄皇子と伝領されてきた皇祖大兄御名入部＝刑部（押坂部、忍坂部）には、[33] 約四百五十所の屯倉が存していたことが知られ、これらは部民制に伴う人的・物的貢納の拠点としての屯倉の存在形態とその数的規模を窺わせるものと位置づけることができる。『書紀』皇極元年是歳条には蘇我蝦夷・入鹿父子が双墓造営に伴って「尽発二挙国之民并百八十部曲一」した時、上宮王家の大娘姫王は「何由任レ意悉役二封民一」と非難したとあり、別稿Ⅱで触れたように、これらの部民・屯倉はタテ割り構造の下に把握されていたものであった。

w『書紀』大化元年八月庚子条（東国等国司への詔Ⅰ）

（上略）若有二求レ名之人一、元非二国造・伴造・県稲置一、而輙詐訴言、自二我祖一時領二此官家一、治二是郡県一。汝等国司、不レ得三随レ詐便牒二於朝一。審得二実状一而後可レ申。（下略）

wは立評につながる作業の始まりを示すものであるが、[34] 評制という新しいしくみができ、評の中心となる評家コホリノミヤケが設置されたからと言って、屯倉ミヤケが即評家になったわけではないと考える。評家の設置場所や前身となる機構、また在地豪族の拠点との関係の問題もあるが、[35] 別稿Ⅰではwの東国等国司派遣の際の在地社会の様相として、国造の下には田部・湯部、その他の中小豪族がおり、国造は彼らを束ね、また彼らの助力によって任務を完遂することができたと見ている。こうした多元的・多重的構造は、郡制下においても郡家を中心に郡雑任の協業によって実現される郡務のあり方につながっていくと説明することができよう。[36]

以上を要するに、屯倉制と律令制地方支配の関係は、郡務遂行の構造の中にこそ存するものと思われ、評司や郡司それ自体の支配方式はかつての国造とのつながりを重視すべきだと考える次第である。国造そのものは律令制下においても存続しており、国司や郡司だけでは充分に体現できない役割を担っていた。地方支配の上で国造の実質的役割が消滅していくのは九世紀前後のことであった。その頃に律令制下の郡司任用制度が完成するとともに、在地首長としての郡司の統治能力、多元的・多重的構造による郡務遂行の方式や律令制地方支配における郡の役割が変質していくと展望される。(37)

では、白猪・児島屯倉と律令制地方支配との関係如何という個別の問題についてはどのように考えるべきであろうか。児島屯倉の田令に関しては、これを総領の下の統治機構につながるものと見て、吉備総領に発展するという見解が呈されているが(38)、那津官家―児島屯倉―難波という瀬戸内海交通の一方の起点となる那津官家も直接的に大宰府につながるわけではなく(39)、この総領・大宰との関係は支持できない。白猪屯倉についてはｉ・ｊの白猪臣が郡名と同じ大庭臣に改姓していることに留意すれば、やはり在地豪族白猪臣の支配、屯倉の管理と貢納を基盤とする構造が立評につながったことが推定されるものの、他に材料がなく、大庭郡（評）の成立過程は不明とせねばならない。

児島屯倉の田令葛城山田直瑞子の後裔に関しては、瑞子―糠古（推古朝の田令）―息海（大化二年に児島評造）という系図が知られ、児島・津高郡の郡領氏族である田使首という豪族（邑久郡の郡司となる者もいた）になっていくとする史料が存する。(40)但し、大化二年に評造になったとする点は改新詔をふまえた潤色であり、田使首氏が児島郡司だけでなく、津高郡司を務めたとする記載は、八世紀の津高郡司は吉備氏一族の薗臣・三野臣であったと推定される（『大日本古文書』六―五九一～五九二など）ことからは疑問であるなど(41)、この系図を全面的に信頼することは難しいと思われる。ただ、後代の平清盛・重盛父子の有力な家人となる難波氏は本姓が田使氏で（『玉葉』安元三年四月二十日条）、上述の系図では備前国の有力在庁、吉備津彦神社の神職の家系とされており、こうした在庁官人が古来の有力在地豪族の系譜を引く事例も存するので(42)、田使首という豪族が児島郡に存したことは認めてもよいと考える。その他、屯倉との関係では上述の三家連姓者の存在（『平城宮木簡』一―三二三号）も注目される。しかしながら、児島屯倉の田使首や三家連と児島郡（評）との関係はやはり明確な史料が欠如している。

そこで、屯倉に関係する豪族と目される三家連など三家（宅）姓の者が郡領になっている例を捜すと、難波屯倉や外交機関である難波館に関与した吉士集団の三宅忌寸が摂津国西成郡の擬少領（『大日本古文書』四―四五二）、那津官家に関わる筑紫三家（宅）連が筑前国早良郡の郡領氏族になっていることなどが挙げられる。『書紀』宣化元年五月辛丑朔条の那津官家修造に際しては、

大王	阿蘇仍君		河内国茨田郡屯倉
	蘇我大臣稲目宿祢	尾張連	尾張国屯倉
	物部大連麁鹿火	新家連	新家屯倉
	阿倍臣	伊賀臣	伊賀国屯倉

という指揮系統で各地の屯倉の稲穀移送を命じており、また「又其筑紫・肥・豊三国屯倉散在二懸隔一、運輸遙阻。儻如須要、難二以備一レ卒。亦宜下課二諸郡一分移聚二建那津之口一、以備二非常一、永為中民食上。」とも指示されていた。別稿Ⅰで触れたように、このうちの尾張国屯倉に関しては、国造尾張連の配下に三家連がいたと考えられ、三家連はともに尾張連（宿禰）が郡領氏族である春部郡・愛智郡の主政帳として見えており（『大日本古文書』一―四一五、風土記逸文・福興寺〔三宅寺〕）、国造による貢納の拠点としての屯倉の行方を示唆している。

このように整理してみると、三家姓者が郡領になっているのは那津官家と難波屯倉だけであり、那津官家―児島屯倉―難波という瀬戸内海交通の拠点と倭王権の支配という面からは、児島屯倉の三家連にも同様の可能性が想定されるのではあるまいか[43]。そこで、児島屯倉の三家連の行方を推測する材料として、多少なりとも史料に恵まれている筑紫三家連の事例を参照してみたい。筑紫三家連は『古事記』中巻・神武段に神八井耳命の子孫として見え（火君・大分君・阿蘇君など九州の豪族も同祖）、『書紀』天武十三年十二月癸未条「大唐学生土師宿禰甥・白猪史宝然、及百済役時没二大唐一者猪使連子首・筑紫三宅連得許、伝二新羅一至。則新羅遣二大奈末金物儒一、送二甥等於筑紫一。」によると、百済救援の出兵時に筑紫国造と目される筑紫君薩夜麻らとともに、九州の豪族の一員として第一次派遣軍で渡海した者がいたことが知られる[44]。那津官家が所在した那賀郡との関係では、『類聚国史』巻八十七延暦十二年八月戊辰条「遞二送筑前国那賀郡人三宅連真継於本郷一、莫レ聴レ入レ京。以三其在京中屢有二濫行一也。」が挙げられるくらいで、那賀郡の郡領の氏姓は不明としておかねばならない。

三家連が郡領氏族として登場するのは那賀郡の西隣りの早良郡である。宝字二・三年の観世音寺早良奴婢例文（『大日本古文書』十四―二六八〜二七四）に擬大領三家連黄金が見え、奴婢の本主は三家連豊継という者であったことが知られる。また『日本紀略』延喜十六年八月二十二日条「大宰府言上、筑前国早良郡司今月八日解云、於（十ヵ）郡司三宅春則宅、今月三日未刻、牝牛生レ犢。（下略）」によると、当郡では十世紀初まで三家連が郡領の地位を得ていたことが推定され、伝統的在地豪族としての勢威を保持したものと考えられる。早良奴婢例文によると、三家連豊継が観世音寺に五人の奴婢を進上した理由は、

亡父息嶋別二当観世音寺之稲一、損二失捌仟弐佰参拾束一。今息嶋交（京ヵ）死、不レ堪レ備レ稲。仍男豊継・継母早良勝飯持売等二人、上件奴婢且報二進寺家一者。

と記されており、三家連息嶋は郡領三家連氏の一族で、観世音寺の経営を担う存在であったことが窺われる。息嶋の妻で、豊継の継母である早良勝飯持売は早良郡擬少領として見える早良勝の一族であり、郡領氏族間で婚姻関係が結ばれていたのである。

そして、奴婢進上の証人として早良勝足島と三家人大足という者が署名していることにも注目したい。早良勝は早良郡のもう一つの郡領氏族であり、こうした勝姓の渡来系氏族が郡領氏族である事例は北部九州にはいくつか見られる(45)。したがって早良勝は、三家連豊継の継母方の証人としてこの奴婢の由来や進上について保証しているのであろう。とすると、三家人大足は豊継方の証人として同様の役割を担っている

ものと推定され、その氏姓のあり方から考えて、三家連―三家人という関係で、三家連氏の屯倉管掌を支える存在として活動していたのではないかと思われる。三家人姓の分布は平城宮跡出土木簡によって明らかになった若狭国遠敷郡が知られ、上述のように、これは「角鹿海塩」貢納のための屯倉の存在と関連している。但し、若狭では三家人の上位者としては三家首の存在が指摘できるくらいで（『藤原宮』一一七号）、若狭国造の下で三家首―三家人の関係で塩生産・貢納に従事したのであろう。筑紫三家連の場合は、那津官家の実務遂行担当者として、より直接的に屯倉の管理に携わったものと考えられ、その中で三家連―三家人が果す役割も重要であったと推定されるところである。即ち、早良郡の郡領氏族三家連氏の郡務運営(46)や家政統制にはなお屯倉管掌者の時代からの支配構造が続いていたことが看取され、ここに屯倉と律令制支配との一つのつながりを見出すことができると思う次第である。

以上、本題である白猪・児島屯倉からは離れてしまったが、児島屯倉における三家連の存在はこうした形での屯倉制と律令制地方支配の関係を示唆しているのではないかと考える。評・郡の成立過程については人的系譜のあり方や各郡の郡務遂行方式に反映された前代の地域構造をも視野に入れて、さらに個別事例の考察を深化すべきことを課題としたい。

むすびにかえて

小稿では屯倉の代表例を目される吉備白猪・児島屯倉の諸問題に触れ、白猪・児島屯倉は六世紀中葉の吉備氏に対する倭王権の最終的な掣肘の様相を示すものであり、必ずしも屯倉による支配方式の典型的事例とはならないことを述べたつもりである。史料の制約もあり、必ずしも明確な考察ができているとは思われないが、私見を呈して、諸賢の叱正に委ねたい。

近年、国造制の成立時期については、西日本では五二七〜八年の磐井の乱平定による地方豪族の服属完了と六世紀前半の加耶地域をめぐる百済と新羅の抗争への介入のための瀬戸内海航路確保に関連した凡直国造制の存在を指標として、六世紀中葉頃、東日本では六世紀中葉の地方豪族服属記事の存在（『書紀』安閑元年四月癸丑条、閏十二月是月条、欽明三十一年五月条など）と『書紀』崇峻二年七月壬辰条「遣二近江臣満於東山道一使レ観二蝦夷国境一、遣二宍人臣鴈於東海道一使レ観二東方海浜諸国境一、遣二阿倍臣於北陸道一使レ観二越等諸国境一。」によって、六世紀後半と考える見解が有力になっている[47]。これに付言すれば、西日本に関しては小稿で整理した白猪・児島屯倉の設置事情に伴う吉備氏の制圧という要素も重要であると思われる。こうした国造制の成立時期をふまえて、屯倉の設置やその管掌形態についても新たな位置づけを行うべきであろう。

ところで、瀬戸内海地域を中心とする凡直国造制であるが、山陽道側では安芸・周防・長門、南海道側では淡路・阿波・讃岐・伊予・土佐に凡直姓者や郡領氏族としての凡直氏の存在が知られるものの、吉備と播磨には存在していない。播磨については『播磨国風土記』を繙くと、当地には他地域の勢力による屯倉設置や屯倉の労働力を他地域の人々に依存する事例（飾磨郡条末尾の飾磨御宅、揖保郡越部里条・佐岡条など）、渡来系氏族を始めとする他地域からの入植者の存在（飾磨郡安相里条、揖保郡石海里条、賀毛郡伎須美野条など）が多く知られ、倭王権による開発が進められた様子が窺われる。(48)これは対吉備の拠点としての意味が大きいと推定されるが、その吉備にも凡直国造は置かれておらず、吉備氏の力を分散させる措置が講じられたのであろう。その画期としての白猪・児島屯倉設置の個別特殊事情を強調して、拙い稿を終えることにしたい。

註

（1）拙稿「評の成立と評造」（『古代郡司制度の研究』吉川弘文館、二〇〇〇年）。

（2）鎌田元一「評制施行の歴史的前提」（『律令公民制成立過程の研究』塙書房、二〇〇一年）、三原康之「七世紀の田と稲―ヤケ論の視角から―」（『歴史学研究』八三〇、二〇〇七年）など。

（3）拙稿a「欽明天皇」（『古代の人物』一、清文堂、二〇〇九年）、b「「海北」から「西」へ」（『遣唐使と古代日本の対外政策』吉川弘文館、二〇〇八年）。なお、白猪・児島屯倉の設置と関連する考古学的事象については、亀田修一「吉備と大和」（『古墳時代の実像』吉川弘文館、二〇〇八年）を参照。また古市晃「七世紀日本列島諸地域における仏教受容の諸相」（『日本古代王権の支配論理』塙書房、二〇〇九年）は、屯倉と仏教施設設置の連関を指摘し、吉備に関しては備中国賀陽郡庭瀬郷三宅里（『大日本古文書』二―二五〇）に存する津寺遺跡を白猪・児島屯倉と関係するものと見ている。

（4）栄原永遠男「白猪・児嶋屯倉に関する史料的検討」（『日本史研究』一六〇、一九七五年）。

（5）八木充「凡直国造と屯倉」（『日本古代政治組織の研究』塙書房、一九八六年）、角林文雄「白猪屯倉と児島屯倉」（『ヒストリア』七五、一九七七年）、笹川進二郎「白猪史と白猪屯倉」（『論究日本古代史』学生社、一九七九年）など。

（6）弥永貞三「大化以前の大土地所有」（『日本古代社会経済史研究』岩波書店、一九八〇年）、中山薫「吉備白猪・児島屯倉設置の評価について」（『岡山史学』二四、一九七一年）、角林註（5）論文、八木註（5）論文など。

（7）狩野久「白猪屯倉の設置事情」（『京都橘女子大学研究紀要』二七、二〇〇一年）。

（8）関晃「大化前代における皇室私有民」（『大化の改新』下、吉川弘文館、一九九六年）、平野邦雄「六世紀の国家組織」（『大化前代政治過程の研究』吉川弘文館、一九八五年）、笹川註（5）論文など。

（9）「白猪」の語義については、笹川註（5）論文を参照。

（10）拙稿「古代難波における外交儀礼とその変遷」（『古代日本の対外認識と通交』吉川弘文館、一九九八年）。

（11）田中俊明『大加耶連盟の興亡と「任那」』（吉川弘文館、一九九二年）、拙著『東アジアの動乱と倭国』（吉川弘文館、二〇〇六年）など。

（12）拙稿「「任那」の用法と「任那日本府」（「在安羅諸倭臣等」）の実態に関する研究」（『東洋大学文学部紀要』史学科篇三六、二〇一〇年）。

（13）佐伯有清編『古代を考える　雄略天皇とその時代』（吉川弘文館、一九八八年）、門脇禎二他編『古代を考える吉備』（吉川弘文館、二〇〇六年）などを参照。

(14)『書紀』欽明二十二年是歳条に見える新羅の阿羅波斯山の築城は、安羅の咸安城山山城に比定される。当地出土の木簡と新羅の安羅支配の具体相については、朴鍾益「咸安城山山城の発掘調査と出土木簡の性格」、李鎔賢「咸安城山山城出土木簡」（『韓国出土木簡の世界』雄山閣出版、二〇〇七年）を参照。

(15) 註（11）拙著で述べたように、白村江戦以前に倭国が万人規模の軍隊を朝鮮半島に派遣したことはなかった。註（3）b拙稿で触れたように、六世紀後半以降に国造軍を基盤とする全国的な軍事・労役差発のしくみが成立していくものと思われるが、原島礼二「六世紀日本の朝鮮侵略と軍事動員体制」（『古代朝鮮と日本』龍渓書舎、一九七四年）が強調するような全国的軍事動員体制を支える屯倉という見方は支持できず、まずは国内支配体制の確立や地方豪族の外交権奪取などが主眼であったと考えたい。

(16) 狩野久「御食国と膳氏」（『日本古代の国家と都城』東京大学出版会、一九九〇年）。

(17) 勝浦令子「古代の塩生産と地域経済」（『新版古代の日本』四、角川書店、一九九二年）。

(18) 角林註（5）論文、笹川註（5）論文、関註（8）論文など。

(19) 栄原註（4）論文、榎英一「大宝令施行時の地方財政関係史料について」（『古代史論集』中、塙書房、一九八八年）など。

(20) 岸俊男「日本における「戸」の源流」（『日本古代籍帳の研究』塙書房、一九七三年）。

(21) 学説整理は平野邦雄「国県制論と族長の支配形態」（『古代の日本』九、角川書店、一九七一年）を参照。なお、最近の研究では、毛利憲一「六・七世紀の地方支配」（『日本史研究』五二三、二〇〇六年）は全国的な支配組織とし、大川原竜一「大化以前の国造制の構造とその本質」（『歴史学研究』八二九、二〇〇七年）は軍尼―伊尼翼の統属関係が当該期の倭王権の地域支配制度の根幹であったことはまちがいないと述べるが、その施行範囲や支配の内実については別途考究すべきであるという立場をとっているようである。

(22) 弥永註(6)論文、竹内理三「原始社会の土地制」(『土地制度史』I、山川出版社、一九七三年)、米田雄介「ミヤケの再検討」(『ヒストリア』三五、一九六三年)など。

(23) 舘野和己「屯倉制の成立」(『日本史研究』一九〇、一九七八年)、笹川進二郎「「糟屋屯倉」献上の政治史的考察」(『歴史学研究』五四六、一九八五年)など。

(24) 大津透「律令国家と畿内」(『律令国家支配構造の研究』岩波書店、一九九三年)。

(25) 米田註(22)論文は、屯倉の管掌の一部(税)が中央派遣官人によって行われると評しており、律令制下の官田の経営方式との対比を考えている。

(26) 黛弘道「大和国家の財政」(『律令国家成立史の研究』吉川弘文館、一九八二年)、平野註(8)論文、本位田菊士「ミヤケの起源と本質」(『日本史研究』二二一、一九八一年)など。

(27) 直木孝次郎「難波の屯倉」(『難波宮と難波津の研究』吉川弘文館、一九九四年)。

(28) 角林註(5)論文。

(29) 拙稿「額田部氏の研究」(『国立歴史民俗博物館研究報告』八八、二〇〇一年)。

(30) 吉田晶「古代邑久地域史に関する一考察」(『吉備古代史の展開』塙書房、一九九五年)。

(31) 舘野和己「ミヤケと国造」(『古代を考える 継体・欽明朝と仏教伝来』吉川弘文館、一九九九年)。

(32) 拙稿「民官と部民制」(『弘前大学国史研究』一一八、二〇〇五年)、「中大兄の軌跡」(『海南史学』四三、二〇〇五年)など。

(33) 薗田香融「皇祖大兄御名入部について」(『日本古代財政史の研究』塙書房、一九八一年)。

(34) 註(1)拙稿。

(35) 吉田晶「評制の成立過程」(『日本古代国家成立史論』東京大学出版会、一九七三年)、山中敏史「古代地方官衙の成立と展開」(『古代地方官衙遺跡の研究』塙書房、一九九四年)、松原弘宣「孝徳立評について」(『日本古代の国家と村落』塙書房、一九九八年)など。

(36) 拙稿「郡雑任と郡務の遂行」(『地方木簡と郡家の機構』同成社、二〇〇九年)、「文献史料から見た郡家の構造と機能」(『条里制・古代都市研究』二三、二〇〇八年)など。

(37) 拙稿「律令制下の国造に関する初歩的考察」、「律令国家における郡司任用方法とその変遷」、「九世紀の郡司とその動向」(註(1)書)。

(38) 笹川註(5)論文は、田令の置かれた児島屯倉を統監ミヤケと位置づけ、西日本には統監ミヤケ—県ミヤケ—邑ミヤケという重層的系列による政治支配体制が成立したと見ている。同「律令国司制成立の史的前提」(『日本史研究』二二〇、一九八〇年)は、児島屯倉は吉備総領に発展していくと見ており、田令＝田領(『続紀』大宝元年四月戊午条「罷二田領一委二国司巡検一」)は総領管下の評を巡検して、国家的土地所有と統一的税収取体制の前提を作り出す政治活動を行ったと述べる。田令と田領の関係は不明の部分が多く、「統監ミヤケ」の概念はrの理解とも関係するものであるが、別稿Ⅰ・Ⅱではこのような整備された統治組織が存していたと見ることは難しいと考えている。gの如くに、児島屯倉が瀬戸内海交通で重要な位置にあったことはまちがいないが、面的支配の展開は看取できないと思う。

(39) 米倉秀紀「那津官家?—博多湾岸における三本柱柵と大型総柱建物群—」(『福岡市立博物館研究紀要』三、一九九三年)によると、那津官家の比定地は比恵遺跡が有力と見られる。大宰府の成立過程については、拙稿「大宰府および到着地の外交機能」(註(10)書)を参照。なお、那津官家関係記事については、酒井芳司「那津官家修造記事の再検討」(『日本歴史』七二五、二〇〇八年)を参照されたい。

（40）室賀寿男『古代氏族系譜集成』（古代氏族研究会、一九八六年）。
（41）拙稿「郡司表（稿）」（『古代日本における郡司制度とその実態的変遷に関する研究』科研費報告書〈研究代表者・森公章〉、一九九八年）。
（42）拙稿「国書生に関する基礎的考察」（『日本律令制論集』下巻、吉川弘文館、一九九三年）、「武蔵国足立郡司武蔵武芝とその行方」（『日本律令制の展開』吉川弘文館、二〇〇三年）。
（43）『平安遺文』一九九号延喜八年周防国玖珂郷戸籍には三家（宅）史姓者が多数見えており、勝浦註（17）論文は同じく瀬戸内の塩の貢納の拠点となる周防の塩生産を掌握するための存在と見ている。なお、玖珂郷戸籍の写真版については、石山寺文化財綜合調査団『石山寺資料叢書』史料篇第一（法蔵館、一九九六年）を参照。
（44）拙著『「白村江」以後』（講談社、一九九八年）を参照。
（45）註（41）拙稿。
（46）西山良平「「律令制収奪」機構の性格とその基盤」（『日本史研究』一八七、一九七八年）は、「交（京ヵ）死」した三家連息嶋を郡雑任として上京していたものと見ている。
（47）狩野久「部民制・国造制」（『岩波講座日本通史』二、岩波書店、一九九三年）、平林章仁「国造制の成立について」（『龍谷史壇』八三、一九八三年）、篠川賢『日本古代国造制の研究』（吉川弘文館、一九九六年）など。
（48）横田健一「大化前代の播磨」（魚澄先生古稀記念『国史学論集』一九五九年）、拙稿「風土記と渡来系氏族」（『季刊考古学』六〇、一九九七年）など。なお、針間鴨国造の支配構造に関しては、栄原永遠男「郡的世界の内実」（『人文研究』五一の二、一九九三年）を参照。

天武・持統朝の禁制地について

北村　安裕

古代社会では山野・河海における現実の所有関係は曖昧であり、諸階層によるその自由な用益が可能であったとされる[1]。その一方で、公権力によって特定の山野などに禁制が施され、用益が制限される場合があった。このような公的禁制の対象となった山野・河海を、本稿では禁制地と称する。禁制地は山野・河海の中に設けられた特殊な空間ではあったが、その存在形態は公権力による山野・河海支配のあり方や当時の山野・河海の利用状況によって制約を受けており、その性格の解明は古代の権力や社会について明らかにする糸口ともなりうる。

禁制地の設定に関する画期として先学が注目してきたのは、七世紀後半、特に天武・持統朝を中心とした時期であった。調・贄の性格について考察した梅村喬氏は、天智朝頃に山野などの私有化の危機意識のもとで王権の山野への排他的用益の確立が企てられ、天武朝には最高の祭祀権者として天皇の地位が確立するとともに、供御貢納地としての禁制地が設定されていったと想定している。(2) 令文に示された禁制地である「禁処」の成立と変遷を論じた森田喜久男氏は、律令制の成立とともに天皇が山野・河海に対する権威を確立し、天武・持統朝にこれを可視化するために禁制地の設定がはかられたとした。(3) 律令国家の山野支配と王土思想の関連について検討した三谷芳幸氏は、天武・持統朝に中国の山野支配制度を継受することで、禁制地の法制化が進められたことを述べる。(4)

これらの研究が一様に指し示すように、天武・持統朝は律令制下の禁制地の揺籃期であり、この時期の禁制地は律令制下のそれの祖型としての意義を有する。さらに、この時期の禁制地に照射される山野・河海の支配・利用状況の把握によって、律令制の整備が飛躍的に進展したとされる天武・持統朝の実相に接近することも可能であろう。

しかしながら天武・持統朝の禁制地は、律令に規定された「禁処」への連続性を強調される一方で、その内実の検討は積極的にはなされてこなかった。そこで、本稿では天武・持統朝の禁制地の画期性の持つ意味にも着目しながら、その実態・性格について分析し、律令制下の禁制地の初源を明らかにすることを直接の課題として設定する。その上で、この時期の山野の支配・利用の状況や、天武・持統朝に禁制地の設定が集中的に進められた理由についても見通しを得ていきたい。

一　「禁処」――令文における禁制地――

古代の禁制地は、禁制地に関わる唯一の令規定によって、研究上「禁処」と称されてきた。本章では、令文にみえる「禁処」の性格や唐制との関係について検討し、禁制地を「禁処」と称することの持つ意味と、その問題点を指摘する。

「禁処」は、雑令9国内条に次のように規定される。

凡国内有㆘出㆓銅鉄㆒処㆖、官未㆑採者、聴㆓百姓私採㆒。若納㆓銅鉄㆒、折㆓充庸調㆒者聴。自余非㆓禁処㆒者、山川藪沢之利、公私共之。[5]

この条文は、鉱物資源の私的採掘を可能とする条件などを述べた上で、特定の資源が産出されない山野・河川での収穫物を共利とすべきことを記す。「禁処」は、収穫物の共利という原則が適用されない空間、すなわち不特定多数の対象による利用が制限される禁制地として規定されている。同種の規定は他にみえないことから、古代の禁制地は法的にはすべて「禁処」に該当することになる。

「禁処」は、日唐令の相違に関する知見から日本で独自に考案された語と長らく考えられてきた。従来、雑令国内条と対応する唐令は以下に掲げる『唐六典』巻三〇士曹司士参軍条の注によって復原されていた。

凡州界内、有㆘出㆓銅鉄㆒処㆖、官未㆑採者、聴㆓百姓私採㆒。若鋳得㆓銅及白鑞㆒、官為市取。如欲㆑折㆓充課

役一、亦聴之。其四辺、無レ問二公私一、不レ得下置二鉄冶一及採上レ銅。自余山川藪沢之利、公私共之。傍線部の文言が日本令と共通していることからも明瞭なように、この部分は日本令の藍本となった唐永徽令に近い形であるが、日本令の「非禁処者」に対応する表現はみあたらない。このことから唐令には「禁処」に関する規定が存在しないとされ、「禁処」は日本令を編纂する際に新たに創出された用語とみなされてきたのである。この想定が認められるとすれば、「禁処」は山野・河海に関わる日本独自の事情を背景にした用語となる。[6]

古代の禁制地は法制の上では「禁処」に含まれ、しかも「禁処」は日本固有の状況を背負った語と考えられた。これらは、「禁処」を日本の禁制地の称とするに足る事情であったといえる。

しかし、近年になって禁制地と令文の「禁処」を強固に結びつけていた紐帯が実は幻影であったことが明らかになった。唐令復原の史料として追加された天聖令によって、「禁処」が日本独自の用語であるという前提が崩れてしまったのである。天聖雑令には、

諸州界内、有下出二銅錍(鉱カ)一処上、官未レ置レ場者、百姓不レ得二私採一。金・銀・鉛・鑞・鉄等亦如レ之。西北縁辺、無レ問二公私一、不レ得二鉄冶一。自余山川藪沢之利、非レ禁者、公私共之。

という条文がみえる（宋10）[7]。大まかな構造自体は先に掲げた『唐六典』の文章と類似しているが、その内容はいくつかの部分で大きく異なっている。行論上もっとも重要な相違点は、『唐六典』にはみえなかった「非禁者」という文言が天聖令に存在することである。これは日本令の「非禁処者」と近しい表現であ

る。

周知のように、天聖令は全体として開元二五年令と思われる唐令を土台とし、宋代の実情に応じて内容に改変を加えられている。『唐六典』の伝える唐令との相違点の大部分は、宋代の改変にかかると考えられるが、「非禁者」の部分に関しては、唐永徽令を源流とする日本令と、開元二五年令を改訂したと考えられる天聖令に同内容の文言があるため、同列に論ずることはできない。これを整合的に説明するためには、永徽令にこれに近い文言が存在して日本令に継承される一方、永徽令を改訂した開元令を介して天聖令にまで引き継がれたと考える以外ない。唐令には「非禁処者」のもとになった文言が存在し、日本令の「禁処」はこれを継受した表現だったのである。

「禁処」が唐で創出された概念であったことは、用語それ自体に日本独自の事情がまったく介在していなかったことを意味する。(8) 中国では、君主による山野の私産化が春秋中期以降に進行し、特に漢代には法家系官僚のもとで積極的に推進されていった。(9)「禁処」はこのような中国固有の事情を背景としつつ、国土をあまねく君主の所有に擬す王土思想を支柱とすることで法制に定着した概念ととらえられる。

ここで改めて「禁処」という呼称の問題点を考えてみよう。「禁処」は、特定の存在形態に拘束されないことから、君主の指定する公的な禁制地であれば地域・時期を超越して適用しうる柔軟性をもつ。また、「禁処」は天皇が山野・河海に任意に設定する空間であり、そこには天皇による無制限の支配が暗黙のうちに含意される。このような特徴を有する「禁処」の語を使用することによって、意識するとしないとにかかわらず、古代の禁制地の時期的な差異は捨象され、天皇による普遍的かつ独占的な山野・河海の支配が幻視されてしまうのである。従来の研究で天武・持統朝の禁制地の実相があまり問題とされてこなかったことも、「禁処」という均質の実態を前提として議論が進められた結果であったように思う。

しかしながら、中国の制度を継受した「禁処」に込められた君主による山野・河海支配のあり方が日本の実態と必ずしも一致しないことはいまや明らかである。日本独自の禁制地のあり方やその時期的差異を覆い隠してしまう危険性を孕む「禁処」の語に拘泥することは問題なのではないだろうか。本稿では「禁処」の語を用いることを避け、禁制地のあり方を検討する際にも「禁処」の存在形態・論理を前提とすることは控えたい。

二　天武朝の禁制

天武朝における山野の禁制は、天武五年（六七六）五月に施行された。

勅、禁㆓南淵山・細川山㆒、並莫㆓蒭薪㆒。又畿内山野、元所㆑禁之限、莫㆓妄焼折㆒。(10)

飛鳥周辺の山々（南淵山・細川山）と「畿内山野」での用益が制限されたのである。これは、広範な山野に対する禁制としては確認される限り最も早い。本章では主として、ここで禁制の対象となった土地の条件を検討することで、天武朝における禁制地の性格やその背景となる山野の状況について考えていく。

天武朝には、これ以外にも山野・河海を対象とした政策が実行されている。まずはこれらの政策との関連から、天武朝の禁制の意義について概観してみよう。天武四年二月には、

詔曰、（中略）親王諸王及諸臣并諸寺等所レ賜、山沢・嶋浦・林野・陂池、前後並除焉。[11]

と、王族・豪族・諸寺に認められてきた「山沢」以下の所有が一律に廃止されている。さらに同年の四月には、

詔二諸国一曰、自レ今以後、制二諸漁猟者一、莫下造二檻穽一、及施中機槍等之類上。亦四月朔以後、九月卅日以前、莫レ置二比弥沙伎理・梁一。（中略）若有レ犯者罪之。[12]

と、猟に用いられる檻穽・機槍の全面的禁止や、漁のために設置される「比弥沙伎理」・梁の季節的制限など、漁猟の道具の使用制限が命じられた。

天武四年二月詔は、中国で発達して雑令国内条に定着していく共利化の原則（前節参照）が導入された起点として後代からも回顧されている。[13]天武四年四月詔で使用を禁じられた檻穽・機槍は、雑令39作檻穽条でも通行の妨害となることや人を殺傷することを禁止されている。道具の名称は異なるものの主旨が共通する条文は唐令にも存在し、[14]この禁令の源流は中国に求められる。同詔にみえる「比弥沙伎理」・梁などの季節的制限は日本令には結局定着しなかったが、唐令には季節的な漁猟の禁断を明記した条文の存在が推定される。[15]中国では山野などに対する共利化の布告と表裏をなすものとして君主による山野などの利用の適切な制限・管理が理想とされており、[16]天武四年四月の禁令もこのような山野・河海支配の思想を承

けたものと位置づけられる。

このように、天武朝には中国的思想の移入をともないながら山野・河海政策が実行されていた。畿内の山野を対象とする天武五年の禁制の背後にも中国的思想の影響を認めるのが自然であろう。すなわち、ここでの禁制は令文の「禁処」へと直結するような中国的山野支配思想を導入する契機としての意義を有していたのである。[17]但し、令文の「禁処」が実態としての禁制地と必ずしも一致しないように、禁制を支える中国的思想は内実と即応するわけではない。禁制の実態は、あくまで別個に検討される必要がある。

天武朝の禁制では、南淵山・細川山、そして「畿内山野」の用益が制限されている。南淵山は稲淵川の流域、細川山は細川川の上流に位置し、ともに飛鳥川の水源として地域の生活や生産活動を支えていた。皇極朝には、南淵山の近辺である南淵川（稲淵川）上流地域で大王による祈雨の儀式が執行された。[18]ここで南淵山周辺地域が王権の祭祀の舞台となったことは、この地が水に関わる聖地として認識されていたことを暗示する。その聖性の核となっていたのは、やはり飛鳥を潤す水源だったことであろう。これらの山が水源として生活・生産上の要地であるとともに聖地でもあったことは、禁制が施行された理由の一つとして想定できる。

一方、ここでの禁制の理由として、皇居の周辺ないし行幸の経路という立地を重視する見解[19]がある。南淵山・細川山は、天皇の所在する飛鳥の近隣であり、しばしば行幸が行われた吉野と飛鳥を結ぶ経路の近辺に位置する。貴族・豪族・寺家らによる山野などの占有を禁断した延暦一七年（七九八）一二月八日太

政官符に、

　其京城側近高顕山野、常令衛府守、及行幸経過顕望山岡、依旧不改、莫令斫損。

とあるように、少なくとも八世紀の末には、宮都の周辺や行幸の途上にある山野は伐採を厳しく制限されるべき禁制地であった。このようなあり方を持統朝にまで遡及させることができれば、南淵山・細川山に禁制が敷かれることになった理由としても有力であろう。

　以上のように、南淵山・細川山に禁制が敷かれた条件については、①生活・生産上の要地や聖地、②皇居の周辺や行幸の経路という二通りの考え方ができる。「畿内山野」の禁制に関しても、これらと大きく離れた条件は想定しがたい。そこで両説の妥当性を検証する意味も兼ね、これらの条件が「畿内山野」にも当てはめうるか考えてみよう。

　生産・生活上の要地や聖地は畿内に無数に存在しただろうから、①説を「畿内山野」に敷衍することに特段の疑問はない。また、生産上の要地などは元来在地による管理に委ねられていたと考えられるが[21]、「畿内山野」に以前から禁制が施行されていたこと（「元所禁之限」）は、これと符合する。①の条件は「畿内山野」に無理なく該当しうるのである。

　他方、②説の皇居周辺という条件はきわめて特殊な立地であり、「畿内山野」の全体には適用できない。行幸の経路という条件についても、以前からそこに禁制が敷行されていたことをにわかには想定しがたく、「元所禁之限」という語に合理的理解を付しにくい。②の条件をすべての「畿内山野」に適用することは難しいといえる。

したがって、「畿内山野、元所禁之限」は主として①の条件によって禁制を敷かれたと考えるのが妥当である。南淵山・細川山の禁制の理由としては①②の両方が考えられるが、「畿内山野」の禁制と関連づけるとすれば、水源・聖地としての条件を重視すべきと思われる。天武朝の禁制は、全体として生活・生産上の要地や聖地を主体としたのである。これらの土地は在地の秩序によって管理されていたと考えられるが、この状況が天武朝の禁制によって直ちに変更された形跡はない。天武朝の禁制の主眼は、これらの土地を政府の直接的な管理下に組み込むことではなく、従来の規制を再確認することにあったと考えられよう。

天武朝の禁制は、中国的な山野支配の観念の本格的な受容をともなって推進された点で大きな画期性を有していたが、実際には在地に委ねられていた生産上の要地・聖地などに対する規制を確認したにすぎなかった。公権力による山野への関与はこの段階ではきわめて限定的であり、山野の大部分は依然として在地の秩序によって管理されていたのである。

三　持統朝の禁制

持統三年（六八九）八月には、畿内の三カ所の野・海における漁猟の禁断と、守護人の配置が指示された。

禁㆔断漁㆓猟、於摂津国武庫海一千歩内、紀伊国阿提郡那耆野二萬頃、伊賀国伊賀郡身野二萬頃㆒、置㆓守護人㆒、准㆓河内国大鳥郡高脚海㆒。(22)

これらの禁制地の用途について、天武朝以降断続的に実施されている放生との関連を重視する見解もあるが、守護人を配置した上での禁断という形式からみても天皇への供御のための禁制地と解するのが正しい(23)。天武朝にみえる禁制地は民衆にとっても必要な生産上の拠点であったが、持統朝のそれは天皇権力に密着した存在だったのである。そこでは権力と山野の関係がより先鋭化することが予想され、両者の関係を観測する素材としては好適である。仮にこのような禁制地を天皇が自由に設定しえたとすれば、持統朝には「禁処」に近い性格の実態が現出していたことになるし、ここでの禁制の方式がまったく新しいものであったとすれば、そこに天皇による山野支配の深まりを認めることができるだろう。以下ではこれらの禁制地の来歴や禁制の方式について、特にそれ以前のあり方との関連を中心に考察を加え、その性格を明らかにする。

1　禁制の対象地

持統三年の禁令は、摂津国武庫海・紀伊国阿提郡那耆野・伊賀国伊賀郡身野を対象とし、河内国大鳥郡高脚海に準じた措置がとられた。ここで禁制の雛型として参照された高脚海は、持統三年以前から禁制が施行されていたことになる。持統朝の禁制地の性格・起源を考える意味で、まずは高脚海と王権との関係について俯瞰してみよう。

延喜二二年（九二二）年四月五日の年紀をもつ和泉国大鳥神社流記帳[24]には、高脚海の一部をなす「高磯浦」に関する記載がみえる。そこでは、「高磯浦」の範囲について、上限を「津川、所謂石津者、難波長柄豊前朝廷之御領。伊岐宮(寺)[25]造料石、従二讃岐国一運置津也。仍名者」としている。「高磯浦」の一方の端である石津は、難波長柄豊前朝廷（＝孝徳）が領し、伊岐宮(寺)造営の際に用いられたというのである。また、流記帳ではその下限の小川についても、「益鏡小川、所謂益鏡者、同朝廷為二陵所一、御賢行幸。其間従レ輦件小川落二入御鏡一也。仍為レ名」と記され、孝徳の行幸と関連づけた地名起源譚が語られている。これらはもとより確実な史実とすることはできないが、ともに孝徳と関係する伝承であり、その段階での王権との関わりが暗示される。

高脚海の所在する大鳥郡域は、古くから王権との結びつきが濃厚な地域であった。記紀には、垂仁天皇の治世下のこととして「高石池」[26]「狭山池」「日下之高津池」[27]の開発記事が載せられている。垂仁朝という年紀自体には信を置きえないが、六〜七世紀に王権によって同地域の灌漑用池が整備されていったことには一定の事実性を認めえよう。用水の整備は耕地の開墾をともなうものであり、この地域の開発が王権の主導によって進められていったことを窺うことができる。高脚海を擁する大鳥郡域は、早い段階から王権と直接的な関係を有していたのである。

高脚海を含む大阪湾は、律令制下には大膳職の雑供戸である網曳が展開し、天皇の食膳に供する海産物の獲得がなされていた。(28)八世紀にこれらの海産物の貢進を統括していたのは、和泉宮（茅渟宮）を中心とした特別行政区である和泉監であったと考えられている。(29)和泉監は令前における茅渟県の機能の一部を継承しており、海産物の統括も茅渟宮の段階にまで遡ると想定される。茅渟県の管轄範囲が大鳥郡域にまで及んでいたことも考慮すれば、(30)高脚海が七世紀以前から貢納物獲得の場であった可能性が高く、禁制の起源もこの段階に求められる。高脚海は七世紀以前から王権への貢納物を獲得する場としての伝統を持ち、王権との直接的な関係のもとで禁制が施行されたと位置づけられるのである。

高脚海に準じて持統朝に新たに禁制が敷かれたとされる地域のうち、所在地がある程度特定しうる摂津国武庫海と伊賀国伊賀郡身野についても、その周辺環境から王権とのつながりを想定できる。

武庫海には、古代の瀬戸内海交通の要衝にあたる武庫水門が設けられていた。武庫（務古）水門は、麛坂王・忍熊王の反乱に接した神功皇后が、船で難波を目指したが果たせず、寄港して諸神への祭祀を行うことで無事の航海を得たとされる地である。(31)また、応神紀には諸国から貢納された五〇〇隻の船がこの地に浮かべられたという話が載せられている。(32)これらは歴史的事実を忠実に写したものではないだろうが、水上交通の要地である武庫水門が王権と密接に関係していたことを示す伝承として位置づけられる。また、大化三年（六四七）に孝徳天皇が有間温湯に赴いた際には、帰途に武庫行宮に立ち寄っている。(33)この時にいかなる施設が行宮に充てられたかは判然としないが、それ以前から存在した王権に直接関わる施設であった可能性もある。

伊賀国伊賀郡身野については、具体的な所在地は諸説あるものの、律令制下の名張郡に近接する地域を想定する説が有力である(34)。天武紀に「名張厨司」という語句がみえること(35)から、遅くとも天武朝には名張の地域から天皇への供御が恒常的になされていたと考えられる。これと近隣する身野が持統朝に禁制を敷かれたことも、名張地域が有した供御の伝統と無縁ではないように思われる。

持統三年に禁制地の原型として参照された河内国大鳥郡高脚海は、古い段階から大王に対する供御地としての役割を担っており、禁制の施行もその延長上に位置づけうる。また、この時に新たに指定された禁制地も、その周辺環境からは王権との一定の関係が想定された。これらの事実によれば、持統朝にみえる禁制地はまったく新規に占定された土地ではなく、それ以前から王権と関わりを有する土地に設定されていたことになるのである。

2　禁制の方式

持統三年の禁令には各禁制地について面積が定められており、具体的な数値は信頼できないものの、禁制地が恒常的に領域を区画されていたことを窺いうる。これらの各領域には守護人が配置され、禁制の実施が監視されていた。このような禁制のあり方は、持統三年以前から少なくとも高脚海では実現されていた方式であったが、それはどの程度一般化しうるのだろうか。ここでは王権による狩猟地などにあてられた「標野」の存在形態と持統朝の禁制の方式を比較し、この点について考察していく。

茜草《あかね》さす　武良前野　逝き　標野《しめの》行き　野守は見ずや　君が袖ふる(36)

これは、天智朝に多数の王族・豪族の参加のもとでおこなわれた蒲生野での薬猟(37)の際に、額田王から大海人皇子へと詠まれた著名な歌である。この「標野」は、王権の狩猟地である蒲生野を指している。額田王の歌によれば、「標野」には「野守」が配されていた。「標野」である蒲生野は、「野守」によって守護されていたのである。

「標野」は「標」によって「しめ」られた土地の意であるが、その性格については定説がない。瀧川政次郎氏は、「標野」を後の「禁野」と同様の空間と解し、永続的な禁制地であることを強調した(38)。これに対し、森田喜久男氏は「標野」を標結《しめゆい》の慣行の枠内で理解する。標結は、簡便な結界によって施行された一時的な農民の土地占有形態である(39)。「標野」をこれと同様の空間と想定すれば、永続性・固定性を有しない一時的な占有地となる(40)。「標野」の永続性をめぐり、以上のように相反する説が提示されているが、その語義からはいずれとも決しがたい。そこで、やや迂回路となるが当時の蒲生野の歴史的環境からの接近を試みる。

蒲生野での狩猟が行われた天智朝には、蒲生野の開墾も進められていたことが想定される。天智八年(六六九)には百済からの亡命者や遺民の蒲生郡への配置がなされている(41)が、彼らは開墾可能な原野である蒲生野の開拓を担ったと考えられるのである。さらに、大宝二年(七〇二)には美濃国多伎郡の民も移されており、(42)七世紀後半から八世紀初頭にかけて蒲生野では一貫して政府の主導下での開発がおこなわれていたことが窺われる。また、広義には蒲生野に含まれる匱迮野は天智によって宮地の候補とされ、観覧に供されている。(43)このように、蒲生野は七世紀後半には王権と深い関係を結んでおり、天智朝の薬猟もこのような関係を前提として挙行されたと思われる。(44)この時期には狩猟地の撰定にあたっては王権との結びつきも重視されたのであり、単に狩猟に適した土地であればよいわけではなかったのである。

狩猟地と王権との関係は、他の土地でも確認することができる。大和国宇陀郡に位置する菟田野（宇陀野）である。この地は推古朝に薬猟の地とされ、(45)『西宮記』にも交野と並ぶ「禁野」として記載されているように、九世紀以降も天皇と直接関わる狩猟地となっている。(46)この地について特筆されるのは、七世紀以前の状況も推定できる点である。菟田野の近辺には上県の地名が残るが、(47)これは神武紀にみえる菟田下県に対応するものであり、(48)菟田野が大化前代の王権に直属する菟田上県の近辺に立地していたことが確認できる。また、雄略紀には「厨人菟田御戸部」という人物が宍人部として貢上されたという伝承が記載される。(49)これは、菟田の原野からの獲得物が王権に恒常的に貢納されていたことを前提とした記述である可能性が高い。菟田野が推古朝に薬猟の地となったのは、このような七世紀以前の王権との関係を背景としたと考えられる。

以上の諸例によれば、「標野」である狩猟地には大王と関連の深い特定の山野が選択されており、菟田野のようにさらに古い段階からの結びつきを背景とするものも存在した。むろんその存在形態が桓武朝以降に広がっていく狩猟のための禁制地と異なるのはいうまでもないが、(50)「標野」は農民の慣行同然に脆弱な植物によって一時的に占められていたわけでなく、周囲の土地とも緩やかに結合しつつ恒常的に王権と関係を結んでいたのである。

翻って、「標野」がある程度恒常的な狩猟地であったとすれば、天智朝の蒲生野にみえる「野守」も狩猟期間中のみの守護人とは思いがたい。「野守」は「標野」に常駐し、一般の狩猟などを規制する役目を負っていたと考えて差し支えないのではないだろうか。このように考えるのが妥当であれば、高脚海で持統朝以前からみられた守護人の常置は、それ以外の王権に直属する山野・河海でも実現されていた様態とみることが可能である。

ここまでの検討によって、領域の永続的な排他的占拠と恒常的な守護人の配置に特徴づけられる持統朝の禁制の方式が、それ以前から一般的にみられたことが明らかになった。持統朝の禁制は、形態の面からも前代のあり方を踏襲しており、そこに支配の著しい深化をみいだすことはできないのである。

おわりに

本稿では、天武・持統朝の禁制の性格の実相について検討してきた。天武・持統朝の禁制地は、Ⓐ旧来より在地の秩序によって禁制が施行されていた生産などの要地や聖地と、Ⓑ王権が独占する狩猟・貢納のための土地という二つの類型にまとめられる。これらの土地に施行された禁制は中国の山野支配思想によって理論的に支えられていた点で前代と隔絶していたが、その内実は旧来のあり方を踏襲したものであり、この段階で山野・河海の実効的な支配が大きく深まったとは考えがたい。山野・河海の大部分は在地の秩序によって管理されており、天皇の支配が実際に及んでいたのはかつての供御地の系統をひく一部の禁制地に過ぎなかったのである。

三上喜孝氏は、中国に存在した山野などの季節的制限が継受されなかったことなどから、山野などの管理・制限が実質的には在地に委ねられていたとして、共同体的管理を原則とする山野などの中に天皇による禁制地の排他的所有が包含されるというモデルを示している。(51) 本稿の検討によれば、禁制地の多数を占める Ⓐ型は在地による管理を続けられていた。天皇の山野・河海支配は、この段階ではさらに限定的だったのである。

このような山野支配のあり方は八世紀を通じて変化していくことが予想されるが、それはすでに本稿の論ずべき範疇にはない。機会を改めて論じることにしたい。

最後に天武・持統朝に集中的に禁制が進められた理由についてふれ、小稿の締めくくりに替える。結論から述べれば、禁制の大きな動因は第二節でも取り上げた天武四年二月詔にあった。詔を再掲する。

詔曰、(中略)親王諸王及諸臣并諸寺等所レ賜、山沢・島浦・林野・陂池、前後並除焉。

ここでは、天智朝前後の時期に公認されていた豪族層の支配下の山野などの支配が否定された。政府は豪族層による多角的な経営の一角をなす山野を公認する一方でその把握を進めていたが、その進展を背景として公認の撤回に踏み切ったのである。[52] この措置によって豪族層による山野などの支配は法的根拠を喪失することになったが、一方で王権に直属する山野や、在地の規制下に置かれていた要地・聖地の位置づけも不明確になってしまった。そこで、天武・持統朝には前者を再編する（Ⓑ型）とともに、後者の再確認がはかられた（Ⓐ型）と考えられるのである。その意味で、天武・持統朝の禁制は理念上の必要からではなく、現実の政治課題への対応としてとられた政策だったといえよう。

註

（1）彌永貞三「律令制的土地所有」（『日本古代社会経済史研究』岩波書店、一九八〇年、初出一九六二年）。
（2）梅村喬「律令財政と天皇祭祀」（『日本史研究』二三五、一九八二年）。
（3）森田喜久男a「古代王権の山野河海支配と禁処」（『歴史学研究』六七七、一九九五年）、b「古代王権の山野河海支配と「禁処」」（『日本古代の王権と山野河海』吉川弘文館、二〇〇九年）。
（4）三谷芳幸「律令国家の山野支配と王土思想」（笹山晴生編『日本律令制の構造』吉川弘文館、二〇〇三年）。
（5）慶雲三年（七〇六）三月一四日詔（『類聚三代格』巻一六）は国内条を法源として山野占有を規制していることから、国内条が大宝令に存在したことは確実視され、さらに浄御原令にも存在したとする見解もある。吉村武彦「八世紀「律令国家」の土地政策の基本的性格」（『史学雑誌』八一―一〇、一九七二年。改稿して『日本古代の社会と国家』岩波書店、一九九六年に収録）など参照。
（6）亀田隆之氏は、「禁処」を日唐間の山野などの利用度・利用法などの差異から日本令に付加された語句と考え、山野などの私有が未発達で共同体的な管理以外の統制が存在しなかったことを「禁処」規定が導入された条件として提示している（亀田隆之「古代における山林原野」〔『日本古代制度史論』吉川弘文館、一九八〇年、初出一九七二年〕）。勝浦令子氏は、日唐の山野河海の支配度の違いを重視し、唐では「禁処」に相当する空間の存在は当然の前提として記されなかったが、日本では山野などの支配観念が相対的に未熟であるため、あえて「禁処」の語を挿入したとする（勝浦令子「古代における禁猟区政策」〔井上光貞博士還暦記念会編『古代史論叢』下、吉川弘文館、一九七八年〕）。

(7) 条文番号は、天一閣博物館・中国社会科学院歴史研究所天聖令整理課題組校証『天一閣蔵明鈔本天聖令校証』（中華書局、二〇〇六年）による。

(8) なお、日本令は天聖令と比較すると「処」字の有無と語句の位置という二点で相違しており、これを日唐間の条文の違いとして高く評価する見解もある（三上喜孝「北宋天聖雑令に関する覚書」〔『山形大学歴史・地理・人類学論集』八、二〇〇七年〕、森田喜久男前掲註（3）b論文など）が、天聖令が唐令の形を忠実に保持していない可能性がある以上、断案とすることには躊躇される。

(9) 増淵龍夫「先秦時代の山林藪沢と秦の公田」（『中国古代の社会と国家』岩波書店、一九九六年、初出一九五七年）、重近啓樹「中国古代の山川藪沢」（『駿台史学』三八、一九七六年）など。

(10)『日本書紀』同月是月条。

(11)『日本書紀』同月己丑条。

(12)『日本書紀』同月庚寅条。

(13)『類聚三代格』巻一六、大同元年（八〇六）閏六月八日太政官符。

(14) 天聖雑令宋41条にも、「諸有㆓猛獣㆒之処、聴㆑作㆓檻穽・射窠等㆒、不㆑得㆑当㆓人行之路㆒。皆明立㆓標幟㆒、以告㆓

往来」と、檻穽・射窠等の設置に関して人の通行する場所への設置を禁じる規定がある。
(15)天聖雑令宋8条に、狩猟の季節的制限にかかわる規定がみえる。
(16)三上喜孝「律令国家の山川藪沢支配の特質」（池田温編『日中律令制の諸相』東方書店、二〇〇二年）など。
(17)三谷芳幸前掲註（4）論文。
(18)『日本書紀』皇極元年（六四二）八月甲申条。
(19)日本古典文学大系『日本書紀』（岩波書店、一九六五年。笹山晴生執筆）、森田喜久男前掲註（3）ａｂ論文など。
(20)『類聚三代格』巻一六。
(21)鬼頭清明「山野河海と贄」（『古代木簡の基礎的研究』塙書房、一九九三年、初出一九八七年）など。
(22)『日本書紀』同月丙申条。
(23)大平聡「居村「放生木簡」と古代の放生」（『六浦文化研究』一、一九八九年）。
(24)『平安遺文』二一八号文書。
(25)本文は、大島神社蔵本によったが、紙面にはある時点での意図的な改変の痕跡が多数残っている。この部分についても、内閣文庫蔵本（文化七年〈一八一〇〉の地誌編纂のために昌平坂学問所に附された）には「寺」と記されており、元来は「寺」であった可能性が高い。
(26)『日本書紀』垂仁三五年九月条。
(27)『古事記』垂仁天皇段。
(28)瀧川政次郎「雑供戸考」（『律令諸制及び令外官の研究』角川書店、一九六七年、初出一九五八年）など。
(29)遠藤慶太「和泉のミヤコ」（『都市文化研究』四、二〇〇四年）。

(30) 茅渟県の管轄として王権への須恵器の貢納を担っていたと考えられる「陶邑」(『日本書紀』崇神七年八月己酉条)は、大鳥郡内に比定される。
(31)『日本書紀』神功皇后摂政元年二月条。
(32)『日本書紀』応神三一年八月条。
(33)『日本書紀』同年一二月晦条。
(34) 勝浦令子前掲註(6)論文など。
(35)『日本書紀』朱鳥元年(六八六)六月庚寅条。
(36)『万葉集』一—二〇。
(37)『日本書紀』天智七年(六六八)五月五日条。
(38) 瀧川政次郎「標野」(『萬葉律令考』東京堂出版、一九七四年、初出一九六四年)。
(39) 石母田正「古代村落の二つの問題」(『石母田正著作集1　古代社会論Ⅰ』岩波書店、一九八八年、初出一九四一年)。
(40) 森田喜久男前掲註(3)ａｂ論文。
(41)『日本書紀』同年是歳条。
(42)『続日本紀』同年三月庚寅条。
(43)『日本書紀』天智九年二月条。
(44) なお、九世紀に入っても蒲生野は天皇との関係が深い地としてみえる。延暦二一年には桓武天皇の行幸の地となり、おそらく遊猟が決行された(『類聚国史』巻八三、政理五、免租税、同年閏一〇月癸亥条/『日本紀略』同日条)。同一三年に蒲生郡荒田五三町が伊予親王に賜与され(『日本後紀』同年九月甲戌条)、承和四年(八三七)

には蒲生郡荒廃田四三町が勅旨後院田とされている（『続日本後紀』同年三月甲申条）。
(45)『日本書紀』推古十九年（六一一）五月五日条。
(46)『西宮記』臨時五、諸院。この地は、貞観二年（八六〇）に源融へ狩猟の地として賜与され（『日本三代実録』同年一一月三日条）、元慶七年（八八三）には狩猟の禁制が施行されるなど（『日本紀略』同年三月一三日条）、九世紀以降も天皇家を中心とした狩猟の舞台となっている。
(47)延喜九年一一月一五日民安占子家地処分状（『平安遺文』二〇二号文書）など。
(48)『日本書紀』神武天皇即位前紀戊午年六月丁巳条。
(49)『日本書紀』雄略二年一〇月丙子条。
(50)三谷芳幸前掲註（4）論文など。
(51)三上喜孝前掲註（16）論文。
(52)拙稿「古代の大土地経営と国家」（『日本史研究』五六七、二〇〇九年）。

古代の勧農と天皇

三谷　芳幸

農業生産を基盤とする国家にとって勧農が大きな意味を持っていたことは言うまでもない。日本の律令国家もまた、農桑の勧課や農事の精勤を国郡司・百姓の評価基準に掲げる(1)などして、しきりに勧農に努めていた。その徹底ぶりは、農民に対して農作業に従事する時間を指示したり、田植の終了期限を指定したりするなど、農業への精励を事細かに指令した石川県加茂遺跡出土のいわゆる加賀郡牓示札(2)がよく表している。律令国家による勧農は、国家が全国の農業生産を統御していることを示す重要な行為だったのである。

律令国家の勧農を支えていたのは、天皇による勧農権の掌握である。したがって、律令国家の勧農を考えるためには、そこでの天皇の役割に注意する必要があるが、それは王権と農業生産あるいは自然との関係という重大な問題に目を向けることであると同時に、律令国家における天皇の役割という根本的問題に対して、ひとつの切り口を見出すことでもある。本稿では、こうした視点から、日本古代の勧農の特質とそれに関わる天皇の役割について考察してみたい。

一　勧農の政令

国史を中心とする諸史料には、農事の勧課を内容とする「勧農の政令」とでも呼ぶべき詔勅官符類が散見する。[3]そのような政令を、農事の意義を理念的に強調するなど、勧農の文言が明白なものを中心に整理したのが表Ⅰである。一方、同種の政令は唐代までの中国史料にも多く見られ、それらは表Ⅱのように整理できる。基準の設け方によって取り上げるべき政令が変わってくるので、いずれの表も完全なものとは言えないが[4]、勧農に対する国家の基本的な考え方を知るには十分であろう。以下、中国の政令を参照しながら、日本古代の勧農の政令について検討していきたい。

まず指摘できるのは、当然のことであるが、勧農の政令の基礎には農本思想があるということである。崇神天皇六十二年七月丙辰詔（表Ⅰ1）は「農天下之大本也。民所恃以生也」、神護景雲元年四月癸卯勅（表Ⅰ7）は「夫農者天下之本也。吏者民之父母也」という文言で始まり、農本思想が勧農の基本理念となっていることを端的に示している。こうした農本思想の表現は、いうまでもなく中国にその原型があり、『漢書』文帝二年正月丁亥詔（表Ⅱ1）、『同』文帝十三年六月詔（表Ⅱ4）、『同』景帝後三年正月詔（表Ⅱ5）、『同』元鼎六年詔（表Ⅱ6）などの勧農政令の冒頭に、「農天下之本」という文言が見えている。[5]

特に、『漢書』文帝二年詔（表Ⅱ2）は「農天下之大本也、民所二恃以生一也」という文言が冒頭にあり、これと全く同じ文言で始まる崇神天皇六十二年七月丙辰詔は、文帝二年詔に依拠して述作されたことが明らかである。[6] 日本の勧農の政令が、中国から取り入れた農本思想[7]を基礎としていること、中国の同種の政令の影響を受けて作られたことが確かめられよう。

この中国伝来の農本思想の一環として見逃せないのが、「食」の重要性を強調する思想である。霊亀元年十月乙卯詔（表Ⅰ4）には「国家隆泰、要在レ富レ民。富レ民之本、務従二貨食一」とあり、民にとっての「食」の重要性が説かれている。また、『続日本紀』養老六年閏四月乙丑条のいわゆる百万町歩開墾計画には「又食之為レ本、是民所レ天」、『類聚三代格』巻八・農桑事に収める承和八年閏九月二日官符には「国以レ民為レ本、民以レ食為レ天」とあり、「民は食を天とする」という理念が見られるが、これは元嘉二十年十二月壬午詔（表Ⅱ12）に「国以レ民為レ本、民以レ食為レ天」、承聖二年三月庚午詔（表Ⅱ13）に「食乃民天、農為二治本一」、『文苑英華』所収勧農制（表Ⅱ24）に「農為二政本一、食者人天」とあるように、中国の勧農政令にしばしば表れている理念である。『帝範』務農篇の冒頭にも「夫食為二人天一。農為二政本一」という言葉が見え、[8] 農本との関わりで「食」の重要性を強調する思想が中国で一般的なものであり、それが日本の勧農にも継承されていることがわかる。

この「食」の重要性に関わる中国の古典に、『尚書』洪範がある。『尚書』周書の一篇である「洪範」は、殷の王子である箕子が、周の武王の問いに答えて、天が禹に与えた「洪範九疇」（九つの大原則）につい

表Ⅰ　勧農の政令（日本）

	年　紀	内　容	出　典
1	崇神天皇六十二年七月丙辰詔	百姓が農事を怠るにより、池溝を開く。	『日本書紀』同日条
2	継体天皇元年三月戊辰詔	帝王が自ら耕作し、農業を勧める。	『日本書紀』同日条
3	大化二年三月甲申詔	農作の月に営田に勤しませ、酒食を禁ずる。	『日本書紀』同日条
4	霊亀元年十月乙卯詔	天下に雑穀の耕種を奨励する。	『続日本紀』同日条 『類聚三代格』巻八・農桑事・和銅六年十月七日詔
5	養老七年二月己酉詔	戸主に種子・布・鍬を給い、農蚕の業を継がせる。	『続日本紀』同日条
6	神亀四年二月丙寅詔	農事の開始に際して、京戸の戸主に塩・穀を賜う。	『続日本紀』同日条
7	神護景雲元年四月癸卯勅	国郡司に農桑の勧課を専当させる。	『続日本紀』同日条 『類聚三代格』巻八・農桑事・同年四月二十四日勅
8	承和六年閏正月丙午勅	諸国に農桑を勧課させる。	『続日本後紀』同日条
9	承和七年二月癸酉勅	五畿内諸国に告げて、農事を戒める。	『続日本後紀』同日条
10	仁寿二年三月十三日太政官符	国郡司に自ら巡観して池堰を修固し、耕農を勧めさせる。	『類聚三代格』巻八・農桑事 『政事要略』巻六十・交替雑事・勧督農業事

表Ⅱ　勧農の政令（中国）

	年　紀	内　容	出　典
1	文帝二年正月丁亥詔	藉田を開き、皇帝自ら耕す。	『史記』巻十・孝文本紀 『漢書』巻四・文帝紀
2	文帝二年詔	皇帝自ら群臣を率いて勧農する。	『漢書』巻四・文帝紀
3	文帝十二年詔	皇帝自ら天下を率い、勧農してきたこと。	『漢書』巻四・文帝紀

4	文帝十三年六月詔	勧農の道が備わらないため、田租を除く。	『史記』巻十・孝文本紀 『漢書』巻四・文帝紀
5	景帝後三年正月詔	郡国に農桑を勧めさせる。	『漢書』巻五・景帝紀
6	元鼎六年詔	溝瀆を通じ、陂沢を蓄えて旱に備え、農を勉めさせる。	『漢書』巻二十九・溝洫志
7	建昭五年三月詔	民に勧めて農時を失わせないようにする。	『漢書』巻九・元帝紀
8	陽朔四年正月詔	東作の時に当たり、二千石に農桑を勉勧させる。	『漢書』巻十・成帝紀
9	建初元年正月丙寅詔	東作の時に当たり、二千石が農桑を勉勧する。	『後漢書』巻三・粛宗孝章帝紀
10	元和元年二月甲戌詔	田が無く移住を願う人を募り、公田・田器を与える。	『後漢書』巻三・粛宗孝章帝紀
11	元嘉八年閏六月庚子詔	郡守県宰の奨導のもと、耕蚕に力を尽くさせる。	『宋書』巻五・文帝紀
12	元嘉二十年十二月壬午詔	勧農のため皇帝自ら藉田を耕す。	『宋書』巻五・文帝紀
13	承聖二年三月庚午詔	稼穡を宝とする。	『梁書』巻五・元帝紀
14	隆昌元年正月詔	勧農訪民所疾苦詔	『文苑英華』巻四百六十二・翰林制詔四十三・詔勅四
15	太建十四年三月辛亥詔	春時の勧農	『陳書』巻六・本後主紀
16	神瑞二年勅	有司に勅して、留農者を勧課する。	『魏書』巻一百一十・食貨志
17	延興二年四月庚子詔	工商雑伎を農に赴かせる。	『魏書』巻七上・高祖紀上
18	太和元年正月辛亥詔	牧民の官に農桑を勧奨させ、農桑を惰る民に罪刑を加える。	『魏書』巻七上・高祖紀上
19	太和元年三月丙午詔	田農を督課し、地に遺利の無いようにする。	『魏書』巻七上・高祖紀上
20	太和十六年六月甲辰詔	明使を遣わして、農事の勧惰を検察させる。	『魏書』巻七下・高祖紀下
21	太和二十年五月丙子詔	課督を加え、惰業の者と力田の者を明らかにする。	『魏書』巻七下・高祖紀下
22	武徳六年六月詔	勧農詔	『唐大詔令集』巻一百十一・政事・田農
23	開元二十九年制	刺史・県令に勧課させる。	『冊府元亀』巻七十・帝王部・務農
24	(玄宗)某年制	勧農制	『文苑英華』巻四百六十二・翰林制詔四十三・詔勅四

て説明した篇目である。その九つの原則の第三に「八政。一曰レ食。二曰レ貨。三曰レ祀。四曰二司空一。五曰二司徒一。六曰二司寇一。七曰レ賓。八曰レ師」とあって、食（食料）・貨（貨財）・祀（祭祀）・司空（土木）・司徒（地方行政・教育）・司寇（司法）・賓（外交）・師（軍事）という国政の八大業務が挙げられ、「食」がその首位に位置づけられている。[9] この「一曰レ食」に対して、孔安国の伝が「勤二農業一」と注し、孔穎達の疏が「教レ民使レ勤二農業一也」と述べているように、[10]「食」は勧農と深く関連するものとして捉えられている。こうしたことから、『尚書』洪範・八政は勧農の思想的な拠り所のひとつとされ、陽朔四年正月詔（表Ⅱ8）に「夫洪範八政、以レ食為レ首」、元和元年二月甲戌詔（表Ⅱ10）に「王者八政、以レ食為レ本。故古者急二耕稼之業一、致二耒耜之勤一」とあるように、勧農の政令でも「食」を八政の基本とする同段の内容が言及されている。これが日本の勧農の政令にも受け継がれ、仁寿二年三月十三日官符（表Ⅰ10）の「奉レ勅、洪範八政食居二第一一。又殖貨志云、国無レ粟而可レ治者、自レ古未レ聞レ之。然則王政之要、生レ民之本、唯在レ務レ農」という文言に繋がっていくのである。

　このほか、日本の勧農政令に見られる中国農本思想の影響としては、継体天皇元年三月戊辰詔（表Ⅰ2）にある「士有二当レ年而不レ耕者、則天下或レ受二其飢一矣。女有二当レ年而不レ績者、天下或レ受二其寒一矣」という文言を挙げることができる。男子が耕作しなければ飢えに苦しみ、女子が織績しなければ寒さに苦しむというこの表現は、『管子』揆度篇、『呂氏春秋』開春論・愛類、『淮南子』斉俗訓などに由来し、[11] 文帝二年正月丁亥詔（表Ⅱ1）が出されるきっかけとなった賈誼の上言に「古之人曰、一夫不レ耕、或レ受二之飢一、一女不レ織、或レ受二之寒一」（『漢書』巻二十四・食貨志上）、西魏の六条詔書に「故先王之戒曰、一夫不レ耕、天下必有二其饑者一、一婦不レ織、天下必有レ受二其寒一」（『周書』巻二十三・蘇綽伝）とあるなど、農桑の勧課に関わる中国の諸史料にしばしば見られるものである。ここにも日本の勧農政令における中国農本思想の濃厚な影響を窺うことができよう。

　以上のように、日本古代の勧農政令は、中国で発達した農本思想とそれを基礎とする中国の勧農政令の影響を強く受けていることが確認できる。但し、日中の勧農政令をさらに比較すると、それぞれの基礎にある農本思想には無視できない違いがあるように思われる。先述のように文帝二年正月丁亥詔（表Ⅱ1）は、賈誼の上言を直接の契機として出されたものであるが、そこで賈誼は「今背レ本而趨レ末、食者甚衆、是天下之大残也」（『漢書』巻二十四・食貨志上）と述べ、「本」に背いて「末」に趨るという現状を指摘している。これに対する顔師古の注に「本、農業也。末、工商也。言三人已棄レ農而務二工商一矣」とある通り、「本」は農、「末」は工商を指し、人々が農業を棄てて商工業に赴くことが問題とされている。同じことは文帝二年詔（表Ⅱ2）でも指摘され、「農天下之大本也、民所二恃以生一也。而民或不レ務レ本而事レ末、故生不レ遂」と、民が農本に反して「末」＝工商に従事する状況が述べられている。また、文帝十三年六月詔（表Ⅱ4）にも「農天下之本、務莫大焉。今廑レ身従レ事、而有二租税之賦一。是謂三本末者無二以異一也」とあり、「末」＝工商との対比を踏まえて農本の原則が語られている。漢代には、商工業の発展を背景とする農民の没落が大きな問題となり、それとともに、農業を本事として尊び、商工業を末業として賤しむ、いわゆる重農抑商的な考え方がより一般的なものとなる。[12] 同時期の勧農の政令には、そうした時代状況が反映しているのであろう。中国の勧農政令の基礎にある農本思想は、基本的にこのような末業＝工商との対立を前提とした農本思想であると考えられる。

これに対して、日本の勧農の政令には、末業＝工商との対立を意識した文言が見られないという特徴がある。これは日本古代における「工商」の社会的身分の未確立という実態に関係するものであろう。よく知られているように、唐戸令にあった「士農工商」の四民規定（『唐令拾遺』戸令復原二六条）や、唐選挙令にあった商工業者は官人になれないという規定（『同』選挙令復原一七条）、唐田令にあった商工業者の永業・口分田を半減するという規定（天聖田令・唐一九条）は、すべて日本令で削除されている。分業に基づく「士農工商」の身分秩序が確立していた中国と異なり、日本では「農」と「工商」との身分的差別が未確立の状態にあったと考えられる。[13] この時代の日本は、「本」＝農と「末」＝工商との対立が、社会問題として先鋭化するような分業段階には至っていなかったのであろう。『類聚三代格』巻七・牧宰事に収める養老三年七月十九日の按察使訪察事条には、百姓の善状として「敦㆑本棄㆑末情務㆓農桑㆒」という項目があり、「本」＝農と「末」＝工商との対比が見られるが、実態として農と工商との間に厳しい対立があったかどうかは疑わしい。中国の農本思想が、末業＝工商との対立の契機を内包した対自的な農本思想であったとすれば、日本古代の農本思想は、工商との対立を前提としない即自的な農本思想であったと言えるのではなかろうか。日本の古代国家は、中国から農本思想を取り入れ、それを勧農政策の基礎に据えたのであるが、日中双方の農本思想に質的差異があることも無視してはならないだろう。

以上、勧農の政令全体に関して中国農本思想の影響を確認してきた。次に個々の勧農政令を取り上げて、古代勧農のその他の特徴について考えてみたい。まず注目したいのは、『日本書紀』に載せる崇神天皇六十二年七月丙辰詔（表Ⅰ1）である。

詔曰、農天下之大本也。民所二恃以生一也。今河内狭山埴田水少。是以其国百姓怠二於農事一。其多開二池溝一、以寛二民業一。

水不足のために百姓が農事を怠っているということで、池溝を多く開くべきことを述べている。この政令にはさらに「冬十月、造二依網池一。十一月、作二苅坂池・反折池一」という記事が続き、政令を受けて実際に池が造られたと読める構成になっている。これらの記述から、勧農の具体的内容として池溝の造成が重視されていたことが窺えるが、政令自体は崇神天皇の時代のものとは考えられないので、もとになった事実があるにせよ、ここには書紀が撰述された律令国家成立期の認識が反映していると考えるべきであろう。

この書紀の記述は、後に『暦録』に取り入れられ、次のような文章となる。

暦録第二云、崇神天皇六十二年乙酉秋七月。詔曰、農者天下之本也。然待二溝池一乃成。宜レ作二池溝一。冬十月、造二依羅池一。十一月造二苅坂池・反折池一。（『政事要略』巻五十四・交替雑事・溝池堰堤事）

ここでは、政令が「農者天下之本也。然待二溝池一乃成。宜レ作二池溝一」と改述され、農事にとっての池溝の重要性が、より鮮明に表現される結果となっている。『暦録』は、書紀の文章に省略・増補を施して独自の史書としたもので、奈良時代後半から平安時代初期までに成立し、延喜の書紀講書で参考にされた書物である(14)。それが撰述当時の意識に基づいて書紀を再解釈した書物であるとすれば、八世紀後半の認識として池溝の造成を農事の基本に据える思想があったことは否定できないであろう。

農事における池溝の重要性を示す史料は、崇神紀の政令だけに止まらない。延暦十九年二月三日官符（『類聚三代格』巻十六・山野藪沢江河池沼事）には、「益レ国之道務在レ勧レ農、築レ池之設本備レ漑レ田」とあり、勧農と池の築造との強い関連が読みとれる。弘仁八年十二月二十五日官符（『類聚三代格』巻一・神郡雑務事）および天長元年五月五日官符（『同』巻十六・堤堰溝渠事）に引かれた延暦十九年九月十六日官符には、「富レ国安レ民事帰二良田一、良田之開実存二溝池一」とあり、溝池が富国安民の基礎にあることが語られている。また、天長元年五月五日官符には「国家豊阜、農務為レ本。溝池不レ営、何期二順成一」と記され、溝池の造成が農務の根幹に置かれている。さらに、『政事要略』巻五十四・交替雑事・溝池堰堤事に載せる延喜八年十一月十七日官符には、「右勧二督農業一、王政所レ先、載在二格条一、先後重畳。凡農務之要、尤在二溝池一」とあり、勧農を王政の大事とするとともに、溝池を農務の要として位置づけている。こうした文言の見える史料が九世紀以降に増えることに関しては、別に要因を考える必要があろうが、池溝の造成を重視すること自体は、八・九世紀を一貫する律令国家の勧農の基本姿勢であると言ってよいだろう。

この時代には、毎年の農業生産を維持するための勧農手段として出挙が大きな役割を果たしているが、それと同時に池溝の造成が重視されていることは、律令国家の勧農が、毎年の再生産の維持だけでなく、耕地自体の拡大を重要な目的としていたことを示すように思われる。それは、『続日本紀』養老七年四月辛亥条のいわゆる三世一身法が、「勧二課天下一、開二闢田疇一」として溝池の新造を促していることにも表れていよう。国郡司の考第の昇降基準を定めた考課令54国郡司条には、「其勧二課田農一、能使二豊殖一者、亦准二見地一、為二十分一論。加二二分一、各進二考一等一。毎レ加二二分一、進二一等一」という規定があり、それに対して「謂、熟田之外、別能墾発者」という注が付されている。これに対応する唐令条文（『唐令拾遺』考課令復原三六条）は、州県官人に関して、同じく「其有下勧二課田農一、能使中豊殖上者、亦准二見地一、為二十分一論。加二二分一、各進二考一等一。毎レ加二二分一、進二一等一」と規定しているが、それに対する注は「此為二永業・口分一之外、別能墾二起公私荒田一者」となっていて、日本令と異なっている。唐令が地方官の評価基準を荒廃田の再開発に限定していたのを、日本令は未墾地の新たな開発をも含む内容に改変しているのであり[15]、日本の律令国家が、耕地の拡大を重要な課題としていたことを推察させる[16]。律令国家は、班田制の実施を支える条件として、耕地の拡大を国家目標として設定し、池溝の造成を推進する積極的勧農によって、その目標を実現しようとしたのであろう。

次に検討したいのは、『続日本紀』に載せる神護景雲元年四月癸卯勅（表Ⅰ7）である。

勅、夫農者天下之本也。吏者民之父母也。勧二課農桑一、令レ有二常制一。比来諸国頻年不レ登。匪二唯天道乖レ宜、抑亦人事怠慢。宜レ令三天下勤二事農桑一。仍択二差国司恪勤尤異者一人、并郡司及民中良謹有レ誠者郡別一人一、専二当其事一、録レ名申上。先以二粛敬一禱二祀境内有レ験神祇一、次以二存心一勧二課部下百姓産業一。若其所レ祈有レ応、所レ催見レ益、則専当之人別加二褒賞一。

国司と郡司以下から一人ずつ適任者を選んで、勧農を専当させようとする政令である。注目されるのは、百姓の産業を勧課すると同時に、部内の霊験ある神祇を禱祀せよと指示している点であり、有富純也氏が指摘するように、勧農と神祇祭祀との深い関連性を窺うことができる(17)。さらに戸田芳実氏は、この勅に関連して、「儒教の徳治主義と農本主義」による勧農と、固有神の伝統的神威による勧農という「古代的勧農における思想の二元性」を指摘している(18)。この勅には「匪二唯天道乖一レ宜、抑亦人事怠慢」とあって、農業における「天道」と「人事」の対比が見られるが、同様の対比は、承和七年二月癸酉勅（表Ⅰ9）にも「雖二災異之臻則是天道一、而庶民之愚恐有二倦惰一」と表現されている。自然の運行に関わる側面と人間の営為に関わる側面との対比であり、これを農業における「自然」と「人為」と呼ぶならば、自然の面では神祇祭祀の効力に期待し、人為の面では中国的農本思想に基づいて百姓を督励する、という勧農の役割分担が成立していたと言えるだろう。日本古代の勧農は、中国から取り入れた農本思想に依拠するだけでなく、在来の思想を土台とした神祇祭祀にも大きく依存していたのである。

最後に取り上げたいのは、『続日本紀』に見える養老七年二月己酉詔（表Ⅰ5）である。

詔曰、乾坤持施、燾載之徳以深、皇王至公、亭毒之仁斯広。然則居二南面一者、必代レ天而闡レ化、儀二北辰一者、亦順レ時以涵育。是以、朕巡二京城一、遥望二郊野一、芳春仲月、草木滋栄、東候始啓、丁壮就二隴畝之勉㆒、時雨漸澍、蟄蠶有㆓浴灌之悦㆒。何不㆘流㆓寛仁㆒以安㆓黎元㆒、布㆓淳化㆒而済㆗万物㆖乎。宜㆘給㆓戸頭百姓、種子各二斛、布一常、鍬一口㆒、令㆗農蚕之家永無㆑失㆑業、宦学之徒専忘㆖㆑私。

農事の開始に当たり、戸主に種子・布・鍬を給して産業を継がせることを命じた政令であるが、注目されるのは、天皇自身が京城を巡幸し、郊野を遥かに望んでいることである。これは国見に類する行為と言えるのではなかろうか。天皇の国見には、支配者として国土の生産物や人民の生活状況を視察するという政治的意義があるが、本来国見とは農作の豊穣をもたらす春の予祝行事であり、共同体の首長によって行われるものであった[19]。この詔で天皇が郊野を望み、春の萌動を讃えていることには、首長が担っていた国見本来の予祝的意義が現れているように思われる。

これと同時に注意されるのが、戸主に対して種子を支給していることであり、この点にも首長的な要素を読みとることが可能である。首長の支配する共同体では、共同体の生産力を体現する特殊な呪術的霊威をそなえた首長に対し、共同体成員から初穂を始めとする稲穀が貢納され、首長はその稲穀を穀霊＝稲魂を宿した生産物として管理し、春時に種稲として成員に分与したと見られる[20]。この詔で、天皇の国見的行為を受けて戸主に種子が支給されているのは、首長から共同体成員に対する春時の種稲＝穀霊分与に相当する意味を持つものではなかろうか。詔のなかで天皇は「居㆓南面㆒者」「儀㆓北辰㆒者」たる帝王として現れているが、その背後に〈共同体の豊穣を予祝し、種稲＝穀霊を分与する首長〉としての相貌を見ることは不可能ではないだろう。勧農における天皇の呪術的霊威の働きを示すものとして、皇極天皇（『日本書紀』皇極天皇元年八月甲申朔条）や桓武天皇（『続日本紀』延暦七年四月癸巳条）による祈雨の例がよく知られているが、そのような天皇の特殊な霊威の一端が、この政令にも現れているように思われる。

以上、勧農の政令の検討によって、日本の律令国家の勧農政策が、中国農本思想の影響を強く受けていたことが改めて確認できるとともに、勧農において神祇祭祀が大きな役割を果たしていたこと、また天皇が呪術的霊威をもつ存在として独特の役割を担っていたことなどが窺える。天皇は中国的農本思想に基づく勧農の主体であると同時に、それのみに収束しない側面を持っていたわけであり、次節ではこの点を踏まえて、勧農における天皇の役割について、より詳しく検討することにしたい。

二　藉田と力田

この節では、藉田と力田の問題を扱う。藉田（籍田）とは、農事の開始に当たって天子自身が田地を耕作する儀礼であり、力田（力田者）とは、農事精励者として国家から褒賞・推挙の対象とされた農民のことである。[21]この藉田儀礼と力田政策は、相互に関連を持ちながら、中国諸王朝の勧農政策において極めて重要な機能を果たし、特に前者は、勧農における皇帝の役割を直接的に示す儀礼として注目されてきた。本節では、力田政策との関連を視野に入れつつ、藉田儀礼の機能を検討し、勧農における皇帝と天皇の役割の違いについて考察してみたい。

藉田儀礼は、殷代にまで遡ると言われ、原初的なそれは、神に捧げる粢盛を生産するための神聖な氏族共耕の儀礼であったとされる(22)。やがて王権の伸張とともに、藉田儀礼は王室の宗廟に粢盛を供するためのものとなり、周代には、王室に服属する諸氏族が族員を率いて奉仕する国家儀礼として整備される(23)。それと同時に、王自身による親耕が儀礼の中心的位置を占めるようになるが、これについては、「共同体の生産力を体現する特殊な宗教的霊威」を具えた王の親耕により、その年の豊穣を確実なものにするという、呪術的な意義が指摘されている(24)。こうして周代において、王の親耕を中心とし、宗廟への粢盛の供給を目的とする、国家的儀礼としての藉田儀礼が成立する。

この儀礼は、『国語』周語上によると西周末期の宣王の時代に廃止されたらしいが、漢の文帝の時に皇帝の親耕儀礼として再興される。これ以降、皇帝による藉田儀礼は、時に断絶を見ながらも、清代にいたるまで連綿と続くことになる(25)。文帝の藉田開設の詔には、「夫農天下之本也。其開㆓藉田㆒、朕親率耕、以給㆓宗廟粢盛㆒」（『漢書』文帝紀二年正月丁亥条）とあり、宗廟への粢盛の供給が皇帝親耕の目的として示されている。しかし、『漢書』巻二十四・食貨志によれば、文帝による藉田の開設は農本を力説する賈誼の上言を受けたものであり、「於㆑是上感㆓誼言㆒、始開㆓籍田㆒、躬耕以勧㆓百姓㆒」とあるように、百姓に対する勧農が藉田親耕のもうひとつの大きな目的になっている。のちの史料であるが、『唐大詔令集』巻七十四・典礼・籍田の元和五年罷籍田勅に、「朕以㆓東郊㆒籍田、礼之重者。爰択㆓吉亥㆒、用祀㆓先農㆒、上以供㆓粢盛㆒、下以勧㆓稼穡㆒」とあるように、漢代以降には、粢盛の供給とともに、農事の勧課が藉田儀礼の重要な機能となっているのである。こうした藉田儀礼の勧農機能は、文帝二年詔の冒頭に「夫農天下之本也」とある通り、農本思想を基盤とするものであり、具体的には、神農派など農家者流の思想を吸収して成立した儒家の藉田説に依拠している(26)。

儒家説によった漢代以降の藉田儀礼では、百姓に対する勧農の意義が重視され、皇帝自身が耕作を行うことで天下に農業規範を教示するという、道徳的・教化的側面が大きな位置を占めている。たとえば、文帝二年詔に対する応劭の注には「古者天子耕二藉田千畝一、為二天下先一」とあり、同じく韋昭の注には「藉、借也。借二民力一以治レ之、以奉二宗廟一、且以勧二率天下一、使レ務レ農也」とある。また、『漢書』巻五十六・董仲舒伝に載せる董仲舒の武帝への対策には、「陛下親耕二藉田一以為二農先一」という言葉が見える。班固の『白虎通』耕桑篇は、藉田を解して「王者所二以親耕、后親桑一何、以率二天下農蚕一也」と述べ(27)、『魏書』巻百十・食貨志には「又躬耕二籍田一、率二先百姓一」とある。ここで「天下の農の先をなす」「天下の農を率いる」というのは、天下に先立って農事の開始を告げる初耕を行う(28)という意味とともに、皇帝自身が率先して耕作を実践することにより、天下の農民に模範を示すという意味を持っていると考えられる。漢代以降の皇帝による藉田儀礼には、天下に農業規範を垂示し、百姓の農事を勧課する、「勧農垂範(29)」という根本的意義があるのである。以下、この儀礼の集大成とも言える唐開元礼の記載から、藉田儀礼の勧農機能について検討してみたい。

『大唐開元礼』巻第四十六・吉礼・皇帝孟春吉亥享先農耕籍に見える唐代の藉田儀礼は、新城理恵氏が

整理しているように、次の七つの段階から構成されている。(30)

①斎戒…皇帝が散斎と致斎をする。
②陳設…儀礼の場を設営する。
③鑾駕出宮…皇帝が宮を出て儀礼の場に向かう。
④饋享…皇帝が酒食を供えて、先農神農氏と配神の后稷氏を祭る。
⑤耕藉…皇帝が藉田を耕す。
⑥鑾駕還宮…皇帝が宮に還る。
⑦労酒…儀礼の翌日、慰労の宴会を行う。

新城氏が指摘するように、ここに見られる唐代の藉田儀礼は、先農に対する祭祀と皇帝による耕作という二つの核を持っている。しかし、耒耜を作り、民に耕作を教えたとされる先農（神農炎帝）を祭ることは、『礼記』などの古典における藉田の記述には見えず、漢代になって新たに付加されたもので、しかも元来は有司が執行する祭祀であり、皇帝親祭になったのは北周からであった可能性が高い。(31)本質的には、藉田儀礼の中核は、あくまでも田地を耕作する部分にあったと言える。

そこで以下、藉田の耕作について見ることにしたいが、重要であると思われるのは、耕作を行うのが皇帝だけではないことである。開元礼の「耕藉」の部分には、次のようにある。

(1)皇帝将レ詣二望瘞位一、謁者引下三公及応二従レ耕侍レ耕者上、各就二耕位一。司農先就レ位、諸執レ耒者皆就レ位。

(2)皇帝初詣二耕位一、廩犧令進詣二御耒席南一、北面跪、俛伏、搢レ笏、解レ韜出レ耒、執レ耒起、少退、北面立。司農卿受レ耒、以授二侍中一、侍中奉レ耒進、皇帝受以三推。侍中前受二耒耜一、反二於司農一、司農反二於廩犧令一、訖、還二本位一。廩犧令復二耒於韜一、執レ耒起、復レ位立。

(3)皇帝初耕、執レ耒者以二耒耜一各授二侍レ耕者一。皇帝耕訖、三公諸王五推、尚書卿九推。訖、執レ耒者前受二耒耜一、退復レ位。

(4)侍中前奏、礼畢。退復レ位。太常卿引二皇帝一入レ自二南門一、還二大次一。楽作。皇帝出二内壝東門一、殿中監前受二鎮圭一、以授二尚衣奉御一、殿中監又前受二大圭一。華蓋侍衛如二常儀一。皇帝入レ次、楽止。

(5)謁者賛引各引二享官及従レ享群官、諸方客使一以レ次出。賛引各引二御史太祝以下一倶復二執事位一、立定。奉礼曰、再拝。御史以下皆再拝。賛引引出、工人二舞以レ次出。太常卿帥二其属一、以レ次耕二於千畝一。其祝版燔二於斎坊一。[32]

(1)三公以下が各々耕位に就く。
(2)皇帝が耕位に至り、耒を受けて三推する（三度、耕し起こす）。
(3)皇帝が耕し終わると、三公・諸王が五推し、尚書・卿が九推する。
(4)侍中が儀礼の終了を奏し、皇帝が大次に還る。
(5)享官以下が退出し、太常卿が属を率いて千畝を耕す。

これによると藉田の耕作は、(2)皇帝による親耕、(3)三公・諸王および尚書・卿による耕作、(5)太常卿の属による耕作、という三つの段階から成り立っていることがわかる。⑵⑶が儀礼の中心であるが、⑸も同日に行われており、広い意味で儀礼の一環をなしていると考えてよいだろう。

この三段階の序列の原型は、『礼記』『国語』『周礼』などの古典のなかに見出すことができる。『礼記』月令の孟春（正月）の部分には、「乃択二元辰一、天子親載二耒耜一、措二之于参保介之レ御間一、帥二三公・九卿・諸侯・大夫一、躬耕二帝籍一。天子三推、三公五推、卿・諸侯九推」とあり(33)、天子は三推し、三公は五推し、卿・諸侯は九推する、という耕作の序列が見えている。一方、藉田を耕さない周の宣王を諫める虢の文公の言葉を載せる『国語』周語上には、「王耕一墢、班三レ之、庶民終二于千畝一」とあり(34)、王以下の耕作に加えて、「庶民」による耕作のことが述べられている。この『礼記』月令と『国語』周語上とを合わせた内容を持つのが『周礼』天官・甸師条の鄭玄注で、そこには「王以二孟春一躬耕二帝藉一。天子三推、三公五推、卿諸侯九推、庶人終二於千畝一。庶人謂二徒三百人一」とあり(35)、天子の親耕と三公・卿・諸侯の耕作を受けて、最後に「庶人」が藉田全体を耕し終えるとされている。この鄭玄注では「庶人」に関して「庶人謂二徒三百人一」と述べているが、これは『周礼』天官・敍官に「甸師、下士二人、府一人、史二人、胥三十人、徒三百人(36)」とあるのに対応している。また、『周礼』天官・甸師条は「甸師掌帥二其属一而耕二耨王藉一」と述べて、甸師がその「属」を率いて藉田を耕すとしているが、鄭玄はこれに注して「其属、府史胥徒也」と説明している。これらによると、天子の親耕と三公・卿・諸侯の耕作に続いて、最後に藉田全体を耕し終える「庶人」「庶民」とは、人民にして下級の官役に就いている胥徒の類を主として言うことになる。開元礼で最後に耕作することになっている太常卿の「属」も、甸師の「属」と同じく「庶人」「庶民」に相当する人々で、太常寺に属する胥徒等を指すと思われる。この「庶人」「庶民」あるいは「属」の耕作によって、農民層の耕藉への参加が儀礼的に表徴されているのであろう。

　天子の親耕、公卿等の耕作、庶人の耕作という三段階の序列は、漢から唐までの諸王朝の藉田儀礼にも見ることができる。たとえば、衛宏の『漢旧儀』には「皇帝親執二耒耜一而耕。天子三推、三公五、孤卿十、大夫十二、士庶人終レ畝」という記事があり[37]、漢代について、皇帝の親耕、三公以下の回数に従った耕作、庶人による最終的な耕作、という耕藉の順序が知られる。また、『宋書』巻十四・礼志一に載せる宋文帝の藉田儀礼に関わる記事には、「太史令讃曰、皇帝親耕。三推三反。於レ是群臣以レ次耕。王公五等開国諸侯五推五反、孤卿大夫七推七反、士九推九反。籍田令率二其属一耕、竟レ畝、灑レ種、即耰、礼畢」とあり、皇帝の親耕のあと、王公から士までが順を追って耕作し、最後に藉田令が属を率いて耕作し終える、とされている。ここでは藉田令の「属」が庶人に相当する。『隋書』巻七・礼儀志二には、北斉の藉田儀礼に関して、「帝降レ自二南陛一、至二耕位一、釈レ剣執レ耒、三推三反、升レ壇即坐。耕、官一品五推五反、二品七推七反、三品九推九反。藉田令帥二其属一以牛耕、終二千畝一」という記述があり、ここでは三公以下の部分が官の一品から三品までとなっているが、やはり皇帝に始まり、藉田令の「属」に終わる、三段階の耕作の次第が見えている。さらに『隋書』礼儀志二は、隋制についても「司農授レ耒、皇帝三推訖。執事者以授二応レ耕者一、各以レ班五推九推。而司徒帥二其属一、終二千畝一」と述べ、同様の三段階の耕作を伝えている。

以上のような耕藉の三段構造が、開元礼の規定にも継承されるわけであり、開元二十三年の玄宗の藉田儀礼に際しても、有司が「天子三推、公卿九推、庶人終レ畝一」とする儀注を進めている（『旧唐書』巻二十四・礼儀志四）。

この三段構造のうち公卿等の耕作は、支配者層による耕作と位置づけることができる。その意義を考えるうえで注目されるのが、『晋書』巻十九・礼志上に載せる西晋武帝の泰始四年の詔である。そこには「今修二千畝之制一、当下与二群公卿士一躬二稼穡之艱難一、以率中先天下上」とあり、群公卿士とともに稼穡の艱難を知り、天下に率先することが、皇帝による藉田儀礼の目的であるとされている。また、藉田の記事ではないが、『旧唐書』玄宗紀・開元二十二年是夏条に「上自於二苑中一種レ麦、率二皇太子已下一躬収穫。謂二太子等一曰、此将レ薦二宗廟一、是以躬親、亦欲レ令三汝等知二稼穡之難一也」とあり、皇帝自ら麦を種え、皇太子以下とともに収穫して、稼穡の難を知らしめようとしたことが見える。皇帝とともに支配者層が農事を実践することに、農業生産の重要性を認識するという意味があったことを示す史料であろう。これらを踏まえると、藉田儀礼における公卿等の耕作には、皇帝が垂示する農業規範を、支配者層の間で共有するという意義があったと推測することができる。一方、最後に耕作する庶人が農民層を代表しているとすれば、庶人による耕作は、皇帝によって垂示された農業規範が、農民層にまで浸透することを象徴していると見ることができよう。以上を要するに、藉田の耕作儀礼は、皇帝から農業規範が垂示され、その規範が支配者層に共有され、最後に農民層にまで浸透する、という全体構造を持っていたと言えるであろう[38]。

ところで、この耕作儀礼では、皇帝が耕作を行うことだけでなく、皇帝が耕作を「見る」ということも重要な要素になっていたようである。『隋書』巻七・礼儀志二には、梁普通二年の藉田について「別有㆓望耕台㆒、在㆓壇東㆒。帝親耕畢、登㆓此台㆒、以観㆓公卿之推伐㆒」という記述があり、儀場には「望耕台」と呼ばれる施設があって、皇帝は親耕が終わると、そこに登って公卿の耕作を観たことがわかる。『唐土名勝図会』巻四に載せる清代の親耕の図には「観耕台」が描かれているが[39]、これこそ『隋書』礼儀志のいう「望耕台」に当たるものである（北京の先農壇に清代の観耕台が残っている）。『旧唐書』巻二十四・礼儀志四は、粛宗による乾元二年正月の藉田儀礼について記しているが、それによると粛宗は、自ら千畝を耕し終えられないのを恨み、久しく佇立して公卿以下が耕作するのを観ていたという。皇帝は親耕によって農業規範を垂示するだけでなく、公卿等の耕作を「見る」ことにより、自らの示した規範が臣下によって実践されることを確認したのであろう。

　以上のような儀礼構造によって、天下への勧農垂範が象徴的に演じられたわけであるが、さらにこの儀礼を地方に広めて、文字通り天下への勧農垂範を実現しようとする努力もなされている。『礼記』祭義などでは、天子は千畝の藉田を耕し、諸侯は百畝の藉田を耕すとされているが、地方での藉田儀礼の実施は、諸侯によって担われるだけでなく、郡県組織を通じてなされる場合もあったようである。すなわち、『宋書』巻十四・礼志に「宋太祖東耕後、乃班㆓下州郡県㆒、悉備㆓其礼㆒焉」とあり、宋の太祖が耕藉を行った際に、州郡県に班下して藉田の礼を備えさせたことが見えている。藉田儀礼を重視した王権が、この儀礼による勧農垂範の効果を、地方官を通じて全国に及ぼそうとしたことが窺えよう。

さて、藉田儀礼には宗廟への粢盛の供給という目的があるため、単に儀礼的に耕作が行われるだけでなく、実際に穀物の種が播かれ、栽培が行われた。『隋書』巻七・礼儀志二には、北斉の制に関して「藉二於帝城東南千畝内一、種二赤粱・白穀・大豆・赤黍・小豆・黒穄・麻子・小麦一、色別一頃」と記され、藉田に播種する穀物の内容が見えている。『宋書』巻十四・礼志一には、「皇后帥二六宮之人一出二穜稑之種一、付二籍田令一」「籍田令率二其属一耕、竟レ畝、灑レ種、即耰、礼畢」とあり、藉田令とその属が種を取り扱ったようなので、一般的には最後に藉田を耕作する庶人が播種を行ったのであろう。注目されるのは、『後漢書』礼儀志上に「天子・三公・九卿・諸侯・百官以レ次耕。力田種各耰訖、有司告二事畢一」とあるように、力田が藉田への播種を行う場合があったらしいことである。農事精励者として国家から顕彰される力田が、勧農垂範の機能をもつ藉田儀礼に参加していることには、大きな意味がある。

藉田儀礼は、先述のように漢文帝の時代に再興・整備されたが、文帝期には戸口数に応じた力田の常員設置が命じられ（『漢書』文帝紀十二年条）、力田政策の確立にとっても重要な時代となっている。また、『宋書』明帝紀・泰始五年正月癸亥条などにあるように、藉田儀礼の実施を契機とする力田への賜爵・賜物も珍しくなく、藉田儀礼と力田には深い関連がある。坂江渉氏が指摘するように、藉田儀礼と力田政策は、密接不可分の関係をもって運用されていたと言えるだろう。[40] 坂江氏によれば、力田とは王権が地域社会に求めた〈農桑労働への専念〉という農民規範の実践世帯で、王権はそれに対する推挙・褒賞制度によって、その規範要件に合致する農民を社会的に育成しようとした[41]。力田はいわば、皇帝から垂示された農業規範が実際に農民層に浸透したことを証明する存在であり、皇帝の親耕と力田の存在は、国家秩序の頂点と末端にあって、農業規範の垂示と実現という意味で呼応する関係にあるのである。漢代以降の中国諸王朝では、藉田儀礼と力田政策を二つの柱として、農業規範の普及を目的とする道徳的な勧農の体系が出来上がっていた。皇帝はその体系のなかで、農業規範を垂示する道徳的指導者の役割を担っていたのである。

この藉田儀礼と力田政策は、古代の日本にも移入される。しかし、力田政策が勧農策として相応の位置を占めたのに対し、藉田儀礼は一時的に行われただけで、行事として全く定着しなかった。正倉院には「子日手辛鋤」という儀式用の鋤が伝わっているが、これは天平宝字二年正月初子日（三日）の藉田儀礼で使われたもので、八世紀中葉に日本で同儀礼が行われたことがわかる。しかし、これ以降、藉田儀礼が行われた形跡は見えず、同儀礼の実施は藤原仲麻呂の唐風趣味によるもので、すぐに途絶してしまったと考えられている[42]。平安時代には多くの儀礼と天皇制の唐風化が進み、また仲麻呂が始めた唐風の制には平安時代に継承されたものもあるので、藉田儀礼が日本に定着しなかったのは、それが本質的に天皇制に馴染まない性格のものであったことを示している[43]。日本の天皇は、中国皇帝と異なり、農業規範を率先して実践し、天下にそれを垂示するという道徳的指導者の役割を担う存在ではなかったのである。

新城理恵氏は、藉田儀礼が日本に定着しなかった理由について、新嘗祭のような日本独自の天皇による農耕儀礼の存在と関係するのではないかと示唆している[44]。確かに、天皇が穀物の豊穣を神々に祈願する農耕祭祀として祈年祭や祈年穀奉幣があり、勧農策のひとつとして大きな位置を占めていたことは重要である。前節で、中国的農本思想に基づく勧農と神祇祭祀による勧農との役割分担に触れたが、勧農における天皇のより本質的な役割は、後者の神祇祭祀の方にあったのであろう。天皇は神々を祭ることによって自然の運行に働きかけ、宗教的に穀物の豊穣を実現させることを本質的役割としており、その側面の強さが、中国皇帝にあった農業規範の率先的実行者という役割を排除することになったと考えられる。

このような天皇と神祇祭祀との関わりに加え、もうひとつ藉田儀礼が定着しなかった要因を推測するならば、平安時代以降に肥大化する土地をめぐる宗教的禁忌との関係が挙げられるように思われる。平安時代には、方忌・土公・土用などとの関わりで、地面を掘り起こすといった「犯土」に当たる行為が強く忌まれ、土気の障りが身体に及ぶことを避けようとする配慮がなされた(45)。そうした禁忌の影響で、天皇本人が土地を耕すような農耕儀礼は、天皇の身体に障りを及ぼす危険があるとして、忌避されることになった可能性があるのではなかろうか。藉田儀礼の不受容については、天皇に関わるさまざまな宗教的要素に注意する必要があるだろう。

以上のような藉田儀礼とは対照的に、力田政策は日本に本格的に継受された。中国では藉田儀礼と力田政策が、相互に関連する二つの柱として道徳的勧農の体系を形成していたが、日本にはそのうち百姓の支配に関わる部分のみが選択的に継受されたのである。天皇による垂範を前提とせずに、百姓には農業規範の実践を求めたということであるが、そこには百姓支配に関わる日本独自の事情があったと考えるべきであろう。坂江氏は、日本における力田政策の導入について、中国とは異なる事情を想定し、都鄙間交通の増大にともなう社会的弱者の発生と、浮浪・逃亡の激化という和銅・養老期の動向に対処するために、土地に定着して社会的弱者を救済する「あるべき農民像」として、力田の顕彰が開始されたと指摘している。[46]この指摘で重視したいのは、土地への定着という点であり、これは律令国家の百姓支配の根幹に関わることであろう。関和彦氏によれば、班田制には、非農業民を含むすべての人民に口分田を班給し、彼らを土地に緊縛することにより、全人民を「農民」として把握しようとする意図が認められるという。[47]律令国家は基本的に、すべての百姓を農業に従事する「農民」として支配しようとし、そして百姓に「農民」であるよう努めさせるために、力田という「農民」の模範を設定したのだと考えられる。力田政策が日本に継受された背景には、百姓を「農民」として支配するという日本律令国家の特質があったと推測されよう。

以上、勧農における中国皇帝と天皇の役割の違いについて考えたが、同様の観点から農書の問題にも触れておきたい。中国では、戦国時代から農学が発達し、有名な『氾勝之書』『斉民要術』を始めとして、農業技術の指導書である農書が数多く作られた。[48]そうした農書のひとつに、則天武后が編纂させた『兆人本業』がある。[49]『唐会要』巻三十六・修撰に「垂拱二年四月七日、太后撰㆓百寮新誡及兆人本業記㆒、頒㆓朝集使㆒」とある通り、垂拱二年に撰修され、朝集使に頒布されている。注目されるのは、この官撰農書が、二月一日の中和節において百官から皇帝に進上されたことである。[50]中和節は、宰相李泌の奏請により貞元五年に創設された新しい節日で、百官は農書を進納し、司農寺は種子を献上し、村社では勾芒神を祭り、以て年穀を祈願するという内容のものである。ここで進上される農書として、『旧唐書』徳宗紀下・貞元六年二月戊辰朔条に「是日、百僚進㆓兆人本業三巻㆒」とあるように、『兆人本業』が選ばれているのである。農書が勧農のひとつのシンボルであったこと、皇帝撰修の農書に特別な地位が与えられていたことが窺えよう。『旧唐書』文宗紀上・太和二年二月庚戌条には、「勅李絳所㆑進則天太后删定兆人本業三巻、宜㆑令㆔所在州県写㆑本散㆓配郷村㆒」とあり、『兆人本業』が州県によって書写され、郷村に配布されたことが知られる。皇帝撰修の農書は、全国の隅々にまで農業技術を伝播させる役目を担っていたのであり、皇帝にはいわば農業技術の普及者という側面が認められると言えよう。

これに対して日本では、周知のように、近世になるまで独自の農書が出現しない。『日本国見在書目録』には『斉民要術』と『兆人本業』が見え、中国の農書が舶載されているが、古代の日本で新たに農書が編纂されることはなかった。亀田隆之氏は、日本古代の勧農政策について、積極的な農業技術の改良指導がほとんど見られないという特徴を指摘している[51]。天長六年五月二十七日官符（『類聚三代格』巻八・農桑事）では、「唐国之風」に倣って水車を作ることを奨励しているが、こうした技術指導は例外的であり、しかも効果の乏しいものであったらしい[52]。日本の勧農政策は、農業技術の普及に重きを置いていなかったと言えるのだろう。日本では、天皇が農書を編纂させて全国に頒布するということはなかったのであり、天皇には農業技術の普及者という性格は希薄だったのである。

以上のように、日本の天皇は勧農において、中国皇帝が持っていたような、道徳的指導者あるいは技術的普及者という開明的な役割を担っていなかった。『日本三代実録』によれば、清和天皇は藤原良房の染殿に行幸して桜花を観賞した折りに、郡司・百姓による「耕田之礼」（貞観六年二月二十五日壬午条）や「耕田農夫田婦」（貞観八年閏三月丙午朔条）を観覧している。こうした農作業の観覧は、天皇に限られず（『日本紀略』天長九年四月丙子条に淳和皇后正子内親王による田植観覧の記事がある）、また遊興としての性格が強いものである（『栄花物語』巻第十九・御裳ぎに載せる太皇太后彰子の田植御覧の記事が有名であるが、本来は支配者による勧農という意味を持った行為であろう(53)。天皇は農作業を「見る」ことによって生産力を励起する存在ではあったが、自ら率先して農作業を実践し、天下に模範を示すような存在ではなかったのである。

天皇は前節で見たように、律令国家を代表して中国農本思想に基づく勧農を行う存在であったが、同時に神祇祭祀によって年穀の豊穣をもたらす宗教的勧農の主体でもあり、このうち後者が天皇のより本質的な役割であったために、天皇自身が中国皇帝と同じような開明的存在になることはなかったのだと考えられる。

三　天皇と勧農の祭祀

前節では、勧農における天皇と中国皇帝との役割の違いを考察し、その違いの背景に天皇と神祇祭祀との関わりがあると推測した。そこで本節では、勧農の意味を持つ神祇祭祀について検討し、勧農における天皇の本質的役割がどのようなものであったか考えてみたい。

勧農に関わる祭祀としてまず取り上げなければならないのは、祈年祭である。祈年祭は、月次祭・新嘗祭とならぶ国家の重要祭祀で、毎年二月に神祇官で行われる。中臣が祝詞を宣べたあと、忌部が参集した諸社の祝部等に幣帛を頒つ班幣祭祀であり、国家が掌握する全国のすべての神社（全官社）をその対象とする（延暦十七年に官幣と国幣が分離して、国司が班幣するようになる以前は、すべて神祇官で班幣が行われた）。皇帝が孟春（正月）に昊天上帝を祭り、年穀の豊穣を祈願する中国の祈穀郊の影響を受けて、[54]律令制の形成とともに成立した祭祀であり、『延喜式』巻第八・祝詞に見える祈年祭の祝詞に、

御年皇神等能前尓白久、皇神等能依左志奉牟奥津御年乎、手肱尓水沫画垂、向股尓泥画寄弖取作牟奥津御年乎、八束穂能伊加志穂尓、皇神等能依左志奉者、初穂乎波千穎八百穎尓奉置弖、𤭖閉高知、𤭖腹満双弖、汁尓母穎尓母称辞竟奉牟。（中略）御年皇神能前尓、白馬・白猪・白鶏、種種色物乎備奉弖、皇御孫命能宇豆乃幣帛乎、称辞竟奉久登宣。

とあるように、天皇の幣帛を神に捧げて当年の稲の豊作を祈るというのが、その主旨である。[55]

祈年祭の成立過程については不明確な点が多いが、『続日本紀』大宝二年三月己卯条に、

鎮二大安殿一大祓。天皇御二新宮正殿一斎戒。惣頒二幣帛於畿内及七道諸社一。

と見える班幣が、全国規模の祈年祭班幣の成立において大きな画期となったことは確かなようである。[56]こ

の時の班幣に関しては、『続日本紀』大宝元年十一月丙子条に、

始任二造大幣司一。以二正五位下弥努王・従五位下引田朝臣尓閇一為二長官一。

『同』大宝二年二月庚戌条に、

是日、為レ班二大幣一、馳駅追二諸国国造等一入レ京。

という記事があり、造大幣司を設けて幣帛を造り、上京した諸国の国造等に対して班幣を行ったことがわかる。『儀式』巻第一・祈年祭儀などでは、祈年祭に天皇が出御することは見えないが、この時の班幣では天皇が正殿に出御していることが注意される。また、班幣を受けたのが諸国の国造（一国一員の新国造）であることも重要であろう。古川淳一氏は、祈年祭に律令国家による「勧農権の主張」という意味があったことを指摘しているが、[57]その観点からすると、ここで天皇が出御して国造に班幣していることは、勧農権の所在に関わる極めて重大な出来事であったと言えるのではなかろうか。大宝二年の祈年祭班幣には、各地の国造層に帰属していた勧農権が天皇のもとに一元的に集約され、律令国家の全国に対する勧農権が最終的に確立したことを宣布する、という画期的な意義が見出されるのである。この班幣を重視すれば、律令国家の全国的な勧農権は、大宝令の施行とともに最終的に確立されたと見ることができよう。そして、律令国家の勧農権の根源に、国造層の服属を前提とする、天皇による宗教的次元での勧農権の掌握があったことに注意すべきであろう。

祈年祭の班幣に関しては、それを大化前代の官人直営型屯倉における種稲分与儀礼の伝統を継承するも

のと見る岡田精司氏の説[58]がよく知られている。屯倉における種稲分与には、大王からの稲魂の分与によって農業生産を宗教的に支配するという意味があり、律令制下の祈年祭によってその支配方式が全国に拡大するというもので、極めて魅力的な説であるが、実証的には成立が難しいとされ、祭祀研究の分野では否定的な見方が強い[59]。大津透氏によれば、祭祀の幣帛は調庸の荷前（初穂）であることに本質があり[60]、祈年祭班幣は神への初穂奉献として捉えられる。一方、種稲分与は稲の初穂貢納と円環をなし、神への初穂奉献とは反対方向に、耕作者への稲の分配として行われる。祈年祭班幣と種稲分与の間には、調庸と稲という品目の違いとともに、神への奉献と耕作者への分配という物品の流れる方向の違いがあるのである。こうした点からすると、両者は種類の異なる勧農行為であると考えるのが妥当なのであろう。

さて、祈年祭は宗教的な勧農手段として大きな意義を持っていたが、諸国祝部の神祇官への不参が問題となり、八世紀後半から九世紀にかけて衰退していく。そして、十世紀には完全に形骸化し、その本来の意義を失ってしまう。それと入れ替わるように、十世紀以降、年穀祈願の祭祀として重視されるようになるのが、祈年穀奉幣である。祈年穀奉幣は、二月・七月を中心に春秋二回、特定の諸社（伊勢を始めとする十六社、のちに二十二社）に年穀豊穣を祈って奉幣するもので、弘仁・天長頃に始まる年穀祈願の奉幣を淵源とし、延喜頃に制度として確立すると考えられている[61]。

祈年祭と祈年穀奉幣は、年穀祈願という点で共通の性格を有しているが、班幣と奉幣という基本的な違い以外にも、いくつかの点で重大な相違のあることが注意されている。ひとつは、祈年祭では神祇官での班幣儀に天皇の出御が見られないのに対し、祈年穀奉幣では八省院での奉幣儀に天皇の出御が見られるという違いである。[62] 藤森馨氏は、この点に関して、祈年穀奉幣には天皇の「親祭」とも言える性格があることを指摘している。[63] 先引の祝詞のなかに「皇御孫命」である天皇の幣帛を捧げるとあるように、祈年祭も天皇祭祀であることに変わりはないが、[64] 祈年穀奉幣では天皇が祭祀により直接的に関与しているわけであり、勧農の主体として天皇の存在がより前面化していると言えるのであろう。

次に注意されるのは、祈年祭班幣が全国のすべての官社を対象としていたのに対し、祈年穀奉幣は山城・大和を中心とする畿内近京の諸社を対象としているという違いである。この点については、有富純也氏が、十世紀以降、天皇は全国を一律に支配するという性格を希薄化させ、全国の豊穣を祈ることに関心を失い、平安京周辺の安定を第一義とするようになったのではないか、と述べている。[65] 天皇は全国に対して勧農権を行使することがなくなり、直接的には畿内近京の限られた地域に対してのみ勧農の主体として臨むようになったのであり、王権の性格の変化がここに表れているのであろう。

さらに注目したいのは、祈年祭の祝詞と祈年穀奉幣の宣命との内容的な違いである。同じ年穀豊穣を祈願するものでありながら、両者の文面には大きな相違がある。大津透氏は、先引の祈年祭祝詞と、『朝野群載』巻第十二・内記の

a　天皇我詔旨止掛畏支某太神乃広前仁、恐美恐美毛申賜倍止申久、農者民之天奈利、民者国之宝奈利。而今年春始女、雨沢随旬天、年穀豊稔奈留倍支由乎聞食之、悦給不事在利。是則太神乃厚御恵美広御助奈利止、

所二念行一天奈牟。故是以、吉日良辰遠択定天、某官位姓名乎差使天、礼代乃御幣遠令二捧持一天、奉レ出給布。掛畏支太神、此状遠平久安久聞食天、東作乃春天与利、西成乃秋日末天仁、旱蝗風水乃患、不レ聞須、農圃蚕食乃業、如レ意尓之天、天皇朝廷乎宝位無レ動久、常磐堅磐尓夜守日守仁、護幸倍奉賜比天、四海清粛仁万民富饒仁、護幸給倍止、恐美恐美毛申給波久止申。

という祈年穀奉幣宣命（寛仁三年二月二十日）とを比較して、後者は漢語が多く表現も一般的で、同じ宣命体でありながら一読すれば理解でき、もはや初穂を供えるから稲を実らせてほしいなどという表現はなく、単純に豊作を祈る内容であり、それだけ祈りが、あるいはそれを行う王権が「抽象化」「文明化」したことが読みとれる、と指摘している。[66] この指摘を踏まえて、さらに詳しく祈年穀奉幣の宣命を検討してみよう。

『本朝世紀』には多くの祈年穀奉幣宣命が掲載されているが、そのなかに以下のようなものがある。

b　寛治元年八月五日甲申条

天皇我詔旨と、掛畏き某大神乃広前仁、恐見恐見も申賜へと申久、農者政之始タル、食者民之天奈利。従二東耕乃春一与利及二西獲乃秋一天、風雨順レ序比、稼穡有レ年古とは、大神乃厚き御助、広き御恵尓可レ有シと所二念行一天奈无。（後略）

c　久安二年四月五日庚辰条

天皇我詔旨止、掛畏支某大神乃広前仁、恐美恐美毛申賜波久止申久、王者乃政化者、以レ食弖為レ本須。人民乃産業者、以レ農弖為レ先須。因レ茲天、自レ古利至レ今末弖、毎レ春尓祈レ年留。而乎今年自然尓相障弖、于レ今遅怠世利。去月廿五日、幣帛乎相調弖欲二発遣一之処尓、不慮之穢尓依弖、臨レ期弖延引世利。如レ此支懈緩之条、恐懼志大坐須間尓、雨沢自降弖田業可レ宜支由乎聞食、悦比給古止無レ極志。是則神徳乃所レ致奈利。今毛今毛弥益尓豊穣奈良牟事者、大神乃厚支御助仁可レ在奈利止所二念行一天奈牟。（後略）

d　久安五年二月二十六日己卯条

天皇我詔旨と、掛畏き某大神乃広前仁、恐美恐美も申賜へと申久、春は一歳乃始め、耕は三農乃本奈り。時令不レ違礼は、播殖得レ宜古と安り。因レ茲天、東作之比、子来之民尓勧以二農業一シテ、期以二豊稔一須。而雨沢随レ時比、稼穡如レ意奈良牟事は、偏尓神徳仁依へきこと奈りと所二念行一天奈む。（後略）

e　仁平元年二月十九日庚申条

天皇我詔旨と、掛畏岐某大神乃広前尓、恐美恐美毛申賜波久止申久、国波以レ民為レ本、民ハ以レ農為レ先。風雨順レ節弖播稙乃勤旁繁久、稼穡有レ年弖倉廩乃蓄宜レ実志止。当二三農之初一弖祈二百穀之穎一古止波、大神乃厚幾御恵弘幾御助尓可レ有止所二念行一弖奈牟。（後略）

f　仁平二年二月五日庚午条

天皇我詔旨登、掛畏支某大神能広前尓、恐美恐美毛申給波久度申久、春波万物乃生須留時奈里。農波衆民乃先登須留業奈里。因レ茲天往昔乃代与利、明聖乃君毛迎二春東郊一天後チ、勧二農南畝一留間多、伺二時候一比視二地宜一天、専授二民事一多里。稟二其旧規一天布レ徳幾凝レ誠天、勧レ農祈レ穀里大坐須。国冨美俗饒尓之天民庶歓

欣之、稼穡豊饒奈良シ免牟事波、大神乃広岐御助仁可レ在奈里登所二念行一弖奈牟。（後略）

g　仁平二年七月二十六日己未条

天皇我詔旨度、掛畏支某大神乃広前尓、恐み恐美も申賜波久度申久、人波為二国基一里。食波為二民命一里。因レ茲天百穀乎播蒔倍三農を勧誡須留古登年光乎毎レ改尓、春景を毎レ迎尓、上帝尓祈利、下民乎懐天、東作乎令レ営免子来乎令レ致武。然間近年与利以来多、或者依二炎旱渉レ旬天、稲禾乃不レ登間聞天、或者遭二洪水為レ浸天、田畝乃有レ莠古度屢多之。是以民愁二菜色一倍、世有二蔬食一度聞食天、驚歎支給布処尓、今年春天乃甘雨順レ時比、夏時乃農田満レ畝里度聞食弖悦給天、秋稼如レ雲耳冬蔵有レ年天、天下豊饒尓民贍淳加良牟古登波、大神乃広支御助厚支御恤尓可レ有奈里と所二念行一天奈牟。（後略）

h　仁平三年二月十四日癸酉条

天皇我詔旨登、掛畏支某大神乃広前尓、恐み恐みも申賜波く度申久、農者天下之大本、穀者邦家之重宝奈里。因レ茲天毎レ迎二上春一尓墾二闢五十一幾、当レ属二孟陽一天播二蒔百穀一多里。風雨若順者黍稷豊饒奈利。稼穡能登者民俗富淳シ。是以往昔乃君王毛祈二穀於上帝一里、勧二農於下土一牟。上以羞二宗廟社稷一免、下以贍二群庶民隷一牟度奈里。稟二其聖猷一天致二此墾念一須。上天降鑒シ明神加レ祐天、東作不レ怠天一老撃レ壌チ、南畝有レ利天余粮留レ畜牟古登波、大神乃広支御助尓可レ在奈里度所二念行一弖奈牟。（後略）

神話的・即物的な祈年祭の祝詞に比べて、明らかに中国的・抽象的な文面であるが、特に次のような点が注意されよう。まず、「是以往昔乃君王毛祈二穀於上帝一里、勧二農於下土一牟」（h）、「春景を毎レ迎尓、上帝尓祈利、下民乎懐天、東作乎令レ営免子来乎令レ致武」(g)とあるように、上帝に年穀を祈る中国の祈穀が意識されている。祈年祭と同じく、祈年穀奉幣もまた中国の祈穀郊を念頭に置いた祭祀であったことが確かめられる。

また、「農者天下之大本、穀者邦家之重宝奈里」(h)のように、農本思想をあらわす典型的な表現が見られるほか、「農者民之天奈利、民者国之宝奈利」(a)、「農者政之始タル、食者民之天奈利」(b)、「王者乃政化者、以レ食弖為レ本須。人民乃産業者、以レ農弖為レ先須」(c)、「国波以レ民為レ本、民ハ以レ農為レ先」(e)、「農波衆民乃先登須留業奈里」(f)など、王政や人民にとっての「農」「食」の重要性を述べる言葉が多く見えている。これらは第一節で見た勧農の政令と共通する文言であり、中国的な農本思想が宣命のなかに取り入れられていることがわかる。これ以外にも、「時令不レ違礼は、播殖得レ宜古と安り。因レ茲天、東作之比、子来之民尓勧以二農業一シテ、期以二豊稔一須」(d)とあるように、時令に沿った人民への勧農の必要性を述べていることなどが注目されよう。

このように祈年穀奉幣の宣命は、全般に中国的な色彩が濃く、特に農本思想が強く表れている点で、勧農の政令に通じる内容を持っていることが特徴である。十世紀以降、地方の勧農は受領に委任され、朝廷が政令を発して勧農を指示することは基本的に見られなくなる[67]。一方、ここに取り上げた祈年穀奉幣の宣命は十一世紀以降のものなので、時期的な差を考慮する必要はあるが、巨視的に見れば、勧農の政令が出されなくなるのと入れ替わりに、中国的な農本思想の影響が強い祈年穀奉幣の宣命が見られるようになると言ってよい。祈年穀奉幣の宣命は、八・九世紀の勧農の政令が持っていた要素を継承・摂取して成立したものと言えるのではなかろうか。八・九世紀には、中国的農本思想に基づく勧農と神祇祭祀による勧農とが役割を分担しつつ併存していたが、十世紀以降、前者が後者に吸収・統合され、中国的要素を取り入れた新たな次元の宗教的勧農に一元化されるということであろう。

以上、祈年祭と祈年穀奉幣との比較によれば、十世紀以降の勧農に関して三つの変化を指摘することができる。第一に、天皇の存在が宗教的勧農の主体としてより前面化すること、第二に、天皇による直接的な勧農の範囲が畿内近京に限定されること、第三に、勧農の政令が出されなくなり、それに代わって中国的農本思想を取り入れた新たな神祇祭祀が勧農の中心手段となることである。十世紀以降、全国に対する国家的勧農の機能が低下するとともに、天皇は直接的な影響範囲を限定しつつ、中国的要素を取り入れた新たな次元の宗教的勧農の主体として、その存在を前面に現わしてくるのである。

八・九世紀の天皇は、中国的農本思想に基づく勧農の政令を発するとともに、祈年祭という神祇祭祀によって宗教的な勧農を行ったが、前者が律令国家の勧農権を代表する性格のものであったのに対し、後者は勧農における天皇自身のより本質的な役割を示すもので、両者は役割を分担しながら、後者が前者を根源において支えるという関係にあったと思われる。それが十世紀以降になると、律令国家の勧農権が効力を失って勧農の政令が発せられなくなる一方で、天皇による宗教的勧農の役割が相対的に上昇し、中国的農本思想を摂取した祈年穀奉幣という新たな神祇祭祀が、国家的勧農の中心的地位を占めるようになる。

勧農から見ると、十世紀以降の天皇は、中国的要素を本質に取り入れたうえで、宗教的権威としてより純化された存在になると言えるのであろう。

おわりに

漢代から唐代に至るまでの藉田儀礼の変質から、皇帝の「神聖性」「神秘性」の希薄化を指摘した新城理恵氏は、藉田儀礼で使用する種籾を後宮の女性が穀霊として管理するという周代の制が、南朝では維持されていたにもかかわらず、唐代には見えなくなることについて、藉田儀礼に残っていた先秦時代以来の農祭の名残りが払拭されたことを意味すると述べている[68]。一方、大津透氏は、五穀豊穣を祈る平安時代の宮中御斎会で、種子稲としての稲穂が進上され、大極殿前庭の龍尾道の左右に列立させられることに触れ、天皇が仏教の呪力で種稲＝稲霊に霊力を与え、それにより豊作を祈ったのであると指摘している[69]。天皇には「穀霊的呪能を体顕していた古代王者[70]」としての性格がより根強く残っていたと言えるのであろうか。それを確かめるためには、中国の祈穀郊を含めた、より広範な農耕儀礼の比較分析が必要であるが、本稿にはその余力がなく、今後の課題とせざるを得ない。

勧農における天皇の役割に関しては、生産力を体現する共同体首長、穀霊を体現する呪術的霊威の保持者という側面と、神祇祭祀によって自然の運行を順調にし、農作に豊穣をもたらす宗教的勧農の主体としての側面と、中国的農本思想に基づいて人民に農事を勧課する律令制的勧農の主体としての側面が、一種の重層構造を形成していたと言えるように思われる。この重層構造の持続と変化を明らかにすることが重要であろう。

註

（1）戸令33国守巡行条、『続日本紀』和銅五年五月甲申条、養老三年七月十九日按察使訪察事条事（『類聚三代格』巻七・牧宰事）、延暦五年四月十九日太政官奏（同前）、大同四年九月二十七日官符（同前）。
（2）石川県埋蔵文化財センター編『発見！　古代のお触れ書き』（大修館書店、二〇〇一年）。
（3）亀田隆之「古代の勧農政策とその性格」（『日本古代用水史の研究』吉川弘文館、一九七三年、初発表一九六五年）が、そうした詔勅官符類を「勧農政令」と呼んでいる。
（4）たとえば、日本では、持続天皇七年三月丙午詔（『日本書紀』同日条）、養老六年七月戊子詔（『続日本紀』同日条）、養老七年八月二十八日官符（『類聚三代格』巻八・農桑事）、弘仁十一年七月九日官符（『類聚三代格』巻八・農桑事）、承和六年七月二十一日官符（『類聚三代格』巻八・農桑事、『続日本後紀』承和六年七月庚子条）、承和七年五月二日官符（『類聚三代格』巻八・農桑事、『続日本後紀』承和七年五月丁丑条）など、中国では、元嘉二十一年七月乙巳詔（『宋書』巻五・文帝紀）、天嘉元年八月壬午詔（『陳書』巻三・世祖紀）、正始元年九月丙午詔（『魏書』巻八・世宗紀）、勧天下種桑棗制（『唐大詔令集』巻百十一・政事・田農）など、特定の作物の栽培を奨励する政令は原則的に除いている。
（5）以下、中国の正史は中華書局標点本を使用した。

(6) 小島憲之『上代日本文学と中国文学 上』(塙書房、一九六二年)三三一頁参照。

(7) 中国の農本思想を扱った論考に、原宗子「『農本』主義の採用過程と環境」(『「農本」主義と「黄土」の発生』研文出版、二〇〇五年、初発表一九九六年)がある。

(8) 麓保孝『帝範・臣軌』(明徳出版社、一九八四年)四七頁。

(9) 加藤常賢『新釈漢文大系第25巻 書経 上』(明治書院、一九八三年)一五三頁。

(10) 『尚書正義』(上海古籍出版社、二〇〇七年)四五六頁。

(11) 『管子』揆度篇に「一農不レ耕、民有二為レ之飢者一。一女不レ織、民有二為之寒者一」(遠藤哲夫『新釈漢文大系第52巻 管子 下』明治書院、一九九二年、一二五八頁)、『呂氏春秋』開春論・愛類に「神農之教曰、士有二当レ年而不レ耕者、則天下或レ受二其饑一矣。女有二当レ年而不レ績者、則天下或レ受二其寒一矣」(楠山春樹『新編漢文大系3 呂氏春秋 下』(明治書院、一九九八年、七九九頁)、『淮南子』斉俗訓に「故神農之法曰、丈夫丁壮而不レ耕、天下有下受二其飢一者上、婦人当レ年而不レ織、天下有下受二其寒一者上」(楠山春樹『新釈漢文大系第55巻 淮南子 中』明治書院、一九八二年、五八九頁)とある。

(12) 漢代の商工業の発展および抑商政策については、影山剛「中国古代の商業と商人」「中国古代帝国における手工業・商業と身分および階級関係」(『中国古代の商工業と専売制』東京大学出版会、一九八四年、初発表はそれぞれ一九六三年・一九六七年)、佐藤武敏『中国古代工業史の研究』(吉川弘文館、一九六二年)、西嶋定生『中国古代の社会と経済』(東京大学出版会、一九八一年)第四章などを参照。

(13) 石母田正「日本古代における分業の問題」(『日本古代国家論 第一部』岩波書店、一九七三年、初発表一九六三年)三九一頁、櫛木謙周「律令制下の技術労働力編成」(『日本古代労働力編成の研究』塙書房、一九九六年、初発表一九八九年)二九一頁、同「商人と商業の発生」(桜井英治・中西聡編『新体系日本史12

流通経済史』山川出版社、二〇〇二年）一〇八頁などを参照。

（14）『暦録』については、新川登亀男『上宮聖徳太子伝補闕記の研究』（吉川弘文館、一九八〇年）第三章第二節、坂本太郎「『暦録』と聖徳太子の伝記」（『日本古代史叢考』吉川弘文館、一九八三年）を参照。

（15）小林昌二「律令国家成立期の未墾地支配と開発政策の視点」（『日本古代の村落と農民支配』塙書房、二〇〇〇年、初発表一九八四年）一一六頁に指摘がある。

（16）これは唐令との比較の限りで日本律令国家の方針を捉えたものであり、いうまでもなく、中国の諸王朝が耕地の拡大を重要な課題としていなかったということではない。中国の諸王朝が、国家的勧農によって灌漑施設の造成と耕地の拡大を図ったことは、西村元佑『中国経済史研究―均田制度篇』（東洋史研究会、一九六八年）第一篇、闕尾史郎「北魏における勧農政策の動向」（『史学雑誌』九一―一一、一九八二年）、藤田勝久「漢代郡県社会と水利開発」（『中国古代国家と郡県社会』汲古書院、二〇〇五年、初発表一九九五年・一九九八年）などを参照。

（17）有富純也「神祇官の特質」（『日本古代国家と支配理念』東京大学出版会、二〇〇九年、初発表二〇〇三年）七〇頁。

（18）戸田芳実「中世文化形成の前提」（『日本領主制成立史の研究』岩波書店、一九六七年、初発表一九六二年）三四一～三四二頁。

（19）国見については、土橋寛『古代歌謡と儀礼の研究』（岩波書店、一九六五年）第一・四・五章、関和彦「『見る』と日常性・天皇制」（『日本古代社会生活史の研究』校倉書房、一九九四年）などを参照。

（20）石母田正『日本の古代国家』（岩波書店、一九七一年）二九二・二九八・三〇〇頁参照。

（21）藉田については、木村正雄『中国古代帝国の形成』（比較文化研究所、二〇〇三年、初刊行一九六五年）第二章二、白川静『白川静著作集第十巻 詩経Ⅱ 詩経研究通論篇』（平凡社、二〇〇〇年、初刊行一九八一年）第三章、上田早苗「漢代の家族とその労働」（『史林』六二―三、一九七九年）、谷口義介「西周時代の藉田儀礼」「春秋時代の藉田儀礼と公田助法」「藉田儀礼の復活」（『中国古代社会史研究』朋友書店、一九八八年、初発表はそれぞれ一九八一年・一九八五年・一九八八年）、佐竹靖彦「藉田新考」（『中国古代の田制と邑制』岩波書店、二〇〇六年、初発表一九九二年）、新城理恵「中国の藉田儀礼について」（『史境』四一、二〇〇〇年）、西岡市祐「南北朝・隋朝・唐朝の親耕藉田」（『国学院雑誌』一〇三―四、二〇〇二年）などがある。力田については、亀田隆之「『力田者』の一考察」（註（3）著書、初発表一九六三年）、坂江渉「古代における力田者について」（『ヒストリア』一三七、一九九二年）などがある。

(22) 木村註（21）著書八七・九四・九五頁、白川註（21）著書三一一・三二一・三二〇頁、谷口註（21）「西周時代の藉田儀礼」一九九・二〇二・二〇七頁。

(23) 白川註（21）著書三〇九・三一一〜三一二頁、谷口註（21）「西周時代の藉田儀礼」二〇〇・二〇七頁。

(24) 谷口註（21）「西周時代の藉田儀礼」二〇二・二〇四〜二〇五頁。

(25) 農林省米穀局編『支那歴代親耕親蚕考』（日本米穀協会事務所、一九三六年）が、周代から清代までの藉田儀礼の沿革を、多くの史料を引いて詳述している。

(26) 谷口註（21）「藉田儀礼の復活」二五二〜二五五頁。

(27) 陳立撰『白虎通疏証』（中華書局、一九九四年）二七六頁。

(28) 谷口註（21）「藉田儀礼の復活」二五八頁。

(29) 木村註（21）著書九四頁、谷口註（21）「藉田儀礼の復活」二五六頁。

(30) 新城註（21）論文二六頁。開元礼をとりこんだ『通典』巻第百五十・礼七十五・開元礼纂類十・吉礼七「皇帝孟春吉亥享先農」のほか、『唐会要』巻十下・藉田「皇帝吉亥享先農」にも同じ内容を載せる。
(31) 新城註(21)論文三一～三三頁、同「絹と皇后」(『岩波講座 天皇と王権を考える 第3巻 生産と流通』二〇〇二年)一四四～一四五・一四九頁。
(32) 池田温解題『大唐開元礼 附大唐郊祀録』(汲古書院、一九七二年)二六八～二六九頁。
(33) 竹内照夫『新釈漢文大系第27巻 礼記 上』(明治書院、一九七一年)二二九頁。この『礼記』の記事は、『呂氏春秋』孟春紀の内容を踏襲したものである。
(34) 大野峻『新釈漢文大系第66巻 国語 上』(明治書院、一九七五年)七六頁。
(35) 孫詒譲撰『周礼正義』(中華書局、一九八七年)二八四頁。
(36) 註(35)『周礼正義』二八頁。
(37) 孫星衍等輯『漢官六種』(中華書局、一九九〇年)五五・一〇三頁。
(38) 宗廟への粢盛の供給という観点からいえば、この構造は、皇帝とともに支配者層および農民層が宗廟祭祀に奉仕する、という意味を持つことになる。本文に示した理解は、それと同じ構造を、勧農垂範というもうひとつの観点から意義づけしたものにほかならない。
(39) 『唐土名勝図会』(ぺりかん社、一九八七年)巻之四二十二丁。註(25)『支那歴代親耕親蚕考』の巻首に掲載されている。
(40) 坂江渉「古代東アジアの王権と農耕儀礼」(鈴木正幸編『王と公—天皇の日本史』柏書房、一九九八年)二七頁。
(41) 坂江渉「古代国家と農民規範」(『神戸大学史学年報』一二、一九九七年)八頁。
(42) 井上薫「子日親耕親蚕儀式と藤原仲麻呂」(『橿原考古学研究所論集 第十』吉川弘文館、一九八八年)二〇〇・二〇二頁、丸山裕美子「假寧令と節日」「唐と日本の年中行事」(『日本古代の医療制度』名著刊行会、

一九九八年、初発表はともに一九九二年）一九五〜一九六・二二八〜二二九頁。
(43) 大津透「農業と日本の王権」（『岩波講座 天皇と王権を考える 第3巻 生産と流通』岩波書店、二〇〇二年）二八頁。
(44) 新城註（31）「絹と皇后」一五六頁。
(45) 極めて粗雑な形ではあるが、拙稿「古代天皇と土地の禁忌」（武光誠編『古代日本の政治と宗教』同成社、二〇〇五年）において、平安時代の天皇と土地の禁忌をめぐる問題について考察したことがある。
(46) 坂江註（41）論文一九〜二二頁、同註（40）論文四七〜四八頁、同「古代国家の農民像と地域社会」（吉田晶編『日本古代の国家と村落』塙書房、一九九八年）一七二〜一七八頁。
(47) 関和彦「律令班田制に関する一考察」（『原始古代社会研究 三』、校倉書房、一九七七年）。
(48) 西嶋定生「秦漢時代の農学」（『中国経済史研究』東京大学出版会、一九六六年、初発表一九六四年）、天野元之助『中国古農書考』（竜渓書舎、一九七五年）参照。
(49) 王毓瑚編『中国農学書録』（中華書局、一九五七年）三五頁に、『兆人本業』についての解説がある。
(50) 中和節とその日の『兆人本業』の進上については、中村裕一『中国古代の年中行事 第一冊 春』（汲古書院、二〇〇九年）二九九〜三〇五頁参照。
(51) 亀田註（3）論文三七〇〜三七一頁。
(52) 亀田隆之「水車の製造をめぐる諸問題」（『日本古代治水史の研究』吉川弘文館、二〇〇〇年、初発表一九八四年）。
(53) 関註（19）論文が、清和天皇による耕田御覧を、国見と関連づけていることが参照される（八三頁）。
(54) 早川庄八「律令制と天皇」（『日本古代官僚制の研究』岩波書店、一九八六年、初発表一九七六年）一八頁、井上光貞『日本古代の王権と祭祀』（東京大学出版会、一九八四年）四六頁。
（55）西山徳「祈年祭の研究」（『増補 上代神道史の研究』国書刊行会、一九八三年、初発表一九四九年）二八七〜二九一頁参照。
（56）古川淳一「班幣祭祀の成立」（『歴史』七四、一九九〇年）四五〜四六頁、三宅和朗「古代奉幣儀の検討」（『古代国家の神祇と祭祀』吉川弘文館、一九九五年）九二頁参照。
（57）古川淳一「祈年祭・月次祭の本質」（『ヒストリア』一三四、一九九二年）一五頁。
（58）岡田精司「律令的祭祀形態の成立」（『古代王権の祭祀と神話』塙書房、一九七〇年）一四九〜一五一頁。
（59）森田悌「祈年・月次・新嘗祭の考察」（『解体期律令政治社会史の研究』国書刊行会、一九八二年、初発表一九七七年）二四六〜二五〇頁、西宮秀紀「律令国家の神祇祭祀の構造とその歴史的特質」（『律令国家と神祇祭祀制度の研究』塙書房、二〇〇四年、初発表一九八六年）二五頁、古川註（57）論文七〜九頁など。
（60）大津透「貢納と祭祀」（『古代の天皇制』岩波書店、一九九九年、初発表一九九五年）。
（61）祈年穀奉幣の成立については、岡田荘司「一〇世紀における神社行政」（『国学院雑誌』七四―九、一九七三年）、同「十六社奉幣制の成立」（『平安時代の国家と祭祀』続群書類従完成会、一九九四年、初発表一九八七年）、藤森馨「平安時代中期における神社信仰」（『改訂増補 平安時代の宮廷祭祀と神祇官人』原書房、二〇〇八年、初発表一九八五年）を参照。
（62）藤森註（61）論文四八頁、三宅註（56）論文六六頁。
（63）藤森註（61）論文四八頁。
（64）丸山裕美子「天皇祭祀の変容」（『日本の歴史 第08巻 古代天皇制を考える』講談社、二〇〇一年）一九四〜一九七頁参照。

(65) 有富純也「日本古代国家の支配理念」(註(17)著書)二二八～二三〇頁。
(66) 大津透註(43)論文三二頁。
(67) 有富純也「摂関期の地方支配理念と天皇」(註(17)著書、初発表二〇〇七年)一九二頁参照。有富氏は、不堪佃田の開発を命じた『政事要略』巻六十・交替雑事・損不堪佃田事の承平元年十二月十日官符を、朝廷が地方に勧農を指示した最後の官符とする。
(68) 新城註(21)論文二七・二三・三五頁。
(69) 大津註(43)論文三六～三七頁。
(70) 三品彰英『三品彰英論文集第五巻 古代祭政と穀霊信仰』(平凡社、一九七三年)一五〇頁。

藤原仲麻呂と女楽

榎本　淳一

『続日本紀』天平宝字三年（七五九）正月甲午条には、次のような記事が見られる。

大保藤原恵美朝臣押勝、蕃客を田村第に宴す。勅して、内裏の女楽、并せて綿一万屯を賜ふ。

言うまでもなく、大保恵美押勝とは時の権力者藤原仲麻呂のことであり、田村第は彼の邸宅である。そこでもてなされた蕃客とは、前年に来着した渤海使楊承慶一行を指す。そして、勅により賜られた女楽とは、宮中の内教坊の妓女により奏された舞楽、またはその妓女を意味するとされる(1)。

本稿では、女楽が賜与されるとはどのようなことなのか、従来の解釈を問い直し、仲麻呂政権下における女楽賜与の歴史的背景について考えてみたいと思う。

一　「女楽を賜ふ」とは

今現在、『続日本紀』の註釈書としてもっとも権威があるのは、新日本古典文学大系中の『続日本紀』（全五冊）であろう（以下、大系本と略称する）。本条に関する大系本（第三巻）の脚注には、「女楽演奏のため、宮廷所属の歌女（舞姫）を田村第に遣わす」と記されている。(2)直木孝次郎他訳注『〈東洋文庫〉続日本紀3』の現代語訳では、「大保の藤原恵美朝臣押勝が高麗の使人を田村第（押勝の邸宅）に招き宴会した。〔天皇は〕勅して、内裏の歌妓を遣わし真綿一万屯を賜った」としている。(3)また、岸俊男『藤原仲麻呂』では、該当部分を「仲麻呂は同月二十七日無事使命を果たした一行（＝渤海使のこと、筆者注す）を自邸田村第に招待して、盛大な送別の宴を催した。とくに内裏の女楽が演奏され、一万屯の綿が下賜された」と解されている。(4)これらの例から推して、「女楽を賜ふ」とは女楽（妓女）の演奏・演舞を観覧に供する意に解するのが通説であると思われる。

このような通説とは別に、「女楽を賜ふ」ということを、単に観覧に供するだけではなく、女楽（妓女）という人間そのものを相手に与えることと解する見方も存在する。古くは沼田頼輔氏が説かれたもので、(5)近年では上田雄氏も同様な見解をとられている。(6)沼田氏と上田氏がそのような解釈をしたのは、次に挙げる渤海による唐皇帝への日本舞女献上という史実に結びつけられてのことである。

〔旧唐書〕巻十一、代宗本紀、大暦十二年（七七七）正月辛酉条

渤海使、日本国の舞女十一人を献ず。(7)

渤海が唐に献上した日本の舞女をいつ手に入れたかを考えた場合、この天平宝字三年の楊承慶らが女楽を賜った時以外に該当史料が見当たらないということがある。また、上田氏は、女楽と綿一万屯を同格並列に表現していることから、綿と同様に女楽の身柄そのものも贈り物として賜ったのではないかと推測されている。

しかし、上田氏自身も、「この件に関する史料は、「女楽を賜う」と「日本国の舞女十一人を貢す」の二つしかなく、その信憑性にも疑問があるし、またその間に十数年のへだたりがあるので、これが結びつくものかどうか、疑問がある」と述べ、「それにしても、男女生口を献上した原始古代ならいざ知らず、律令体制の完備したこの時代になっても、人間そのものが下賜品、献上品として扱われているのは驚きである」と表明されているように、(8)少なからずその史料解釈に疑念ないし不安を抱かれているように思われる。沼田氏や上田氏の史料解釈にはこのような弱点があることにより、大方の支持を得るに至っていないものと思う。(9)確かに、直接的な関連史料は上掲の二つしかないわけだが、女楽が下賜・献上されることは当時の東アジアでは他に多くの類例があることを思うならば、両氏の史料解釈が成り立つ可能性は十分あるものと考える。節を改め、中国唐代及び朝鮮諸国における女楽について述べることにしたい。

二　東アジアにおける女楽の下賜・献上

先に見たように日本古代の女楽とは内教坊に属する妓女のことだが、内教坊や女楽の制は唐代のものを模倣したものであることは夙に瀧川政次郎氏に指摘がある。[10] また、唐代の内教坊やそこに属した妓女（女楽）については、岸辺成雄氏の詳細緻密な研究が存在する。[11]

岸辺氏の研究によると、内教坊とは「内教（即ち女教）の坊」の意で、多くの妓女が所属する禁中に置かれた宮廷音楽に奉仕する施設ということである。なお、唐代では武徳年間に最初に設置されたが、後に開元年間には内教坊を蓬萊宮側に設けた他に外教坊（左右教坊）を宮禁外に設置したという。唐代の教坊所属の妓女（女楽）の性格については、「宮廷の殊遇を受けると共に、禁中において外間と没交渉の生活を営む点で、同じく楽伎を以て奉仕する官賤民の太常寺の音声人、楽工と類を異にし、又同じく女子にして身を私賤民に投じ、楽伎を以て生活する妓館の妓女とも異なる」として、教坊の妓女が官賤民として特に優遇され、家妓（私賤民）との出身・地位などに大きな懸隔があったことを指摘している。[12]

しかし、妓女（女楽）も官賤民である以上、他の賤民同様にその人身は所有の対象であり、皇帝と臣下の間で賜与・献上が行われたことは史籍に多く見られる。[13]

〔旧唐書〕巻六十、河間王孝恭伝

武徳七年（六二四）、……江南悉く平す。璽書にて褒賞し、甲第一区・女楽一部・奴婢七百人を賜ひ、金宝珍翫も甚だ衆し。

〔旧唐書〕巻十四、憲宗紀上

韓全義子、女楽八人を進るに、詔してこれを還す。

隋代の例になるが、日本の女楽賜与と同じように、繊維製品と一緒に女楽が賜われた例も存在する。

〔隋書〕巻六十三、樊子蓋伝

位を光禄大夫に進め、建安侯に封じるも、尚書は故の如し。縑三千匹・女楽五十人を賜ふ。

〔隋書〕巻六十五、李景伝

景尋ぎて徴されて入京し、位を柱国に進め、右武衛大将軍に拝し、縑九千匹・女楽一部を賜ひ、加ふるに珍物を以てす。

女楽はこのように下賜・献上の対象となったわけだが、その所有には制限があったことが次の唐令の規定（儀制令もしくは楽令か）から知られる。(14)

諸そ私家には、鐘・磬を設くることを得ず。三品已上は、女楽五人を備ふることを得。五品已上は、女楽三人を過ぐることを得ず。

この規定によれば、女楽を私有できるのは五品以上の官人の特権であり、さらに三品以上と四・五品では私有できる女楽の人数に差が設けられていたことが分かる。復原根拠となった史料が『唐六典』であることから、(15)開元七年令に復旧されているが、『太平御覧』などにも同様な規定が見られることから、(16)開元二十五年令にも存在したと思われる。また、神竜二年（七〇六）にほぼ同文の勅が出されているが[17]、これは令規定の励行を申明した勅と考えられることから[18]、神竜令さらにはそれ以前の唐令にも同様な規定が存在したことが推測される。要するに唐代をほぼ通じて女楽所有に規制が存在しており、女楽は誰でも所有できるものではなく、また所有できたとしても人数が極めて限られたものであった。それ故、皇帝からの女楽下賜は極めて大きな恩典であったと考えられる。また、反対に臣下から皇帝への女楽の献上は強い忠誠心を示す行為だったと思われる。

女楽は唐のみならず周辺諸国にも存在し、国際的に女楽の献上（下賜）が行われていたことは、次の史料によって明らかである。

〔旧唐書〕巻一百九十九上、東夷伝新羅国条

　貞観五年（六三一）、使を遣はして女楽二人を献ず。皆鬒髪美色なり。（後略）

新羅が唐の太宗に二人の女楽を献じたというこの記事から、新羅には女楽の制が存在し、唐と同様に女楽が下賜・献上の対象であったことが知られる。他の朝鮮諸国についてはあまり具体的な史料が存在していないため明言はできないが、「高麗女楽」という楽が日本に伝えられていたことから高句麗にも女楽が存在したことが推測される[19]。高句麗が女楽を唐に献上したという記事は見られないが、先掲の渤海の日本舞女（女楽）の献上もこうした唐・新羅の例と併せて理解すべきものと思う。なお、女楽の献上は東アジア諸国のみならず西域の骨咄、南蛮の訶陵からも行われたことが記録されている[20]。

唐代の東アジアにおいては、女楽（妓女）の下賜・献上が広く行われていたことを確認したわけだが、日本の女楽も中国と同じように官賤民などの人身を所有される存在であったかが次に問題となるであろう。

三　日本古代の女楽

日本古代において、女楽（妓女）がどのような存在であったのか。まず、女楽（妓女）の出身について考えてみよう。

〔続日本紀〕宝亀八年（七七七）五月戊寅条

典侍従三位飯高宿祢諸高薨ず。伊勢国飯高郡の人なり。性甚だ廉謹にして、志貞潔を慕ふ。奈保山に葬れる天皇の御世に、内教坊に直して、遂に本郡の采女に補せらる。飯高氏の采女を貢することは、此より始まれり。四代に歴仕して、終始失無し。薨ずる時、年八十なり。

宝亀八年（七七七）に薨じた典侍飯高諸高は、元正天皇（＝奈保山に葬れる天皇）の時代に内教坊に直し、後に飯高郡の采女に補せられたという。瀧川氏は、「諸高は、采女の候補者として上京したが、外にもう一人候補者があったたか、或いは官の都合で内教坊に配せられて妓女となったものと思われる。この事例によって、内教坊の妓女には、諸国郡司の姉妹及び女にして容色ある者が採用されたことが知られる」と述べられているが[21]、氏の説くところは蓋然性が高いと思う。女楽（妓女）の出身のひとつは、郡司の姉妹・娘にあったとしてよいものと思う。

〔続日本後紀〕承和十一年（八四四）正月庚子条

是の日、内教坊妓女石川朝臣色子を従五位下に叙す。

〔続日本後紀〕承和十二年（八四五）正月丁卯条

是の日、勅有りて、内教坊倡女完人朝臣貞刀自に従五位下を授く。

この二つの記事はどちらも内宴当日の叙位を記したものだが、この当時、正月の内宴においては内教坊の女楽奏舞が行われており、その褒美勧賞として妓女に位階が与えられたものと考えられる。瀧川氏は、「色子も貞刀自も、共に朝臣の貴姓を有する家の女である。故にこの二人は、京畿の貴族から貢せられる氏女にして内教坊に配せられて妓女となったもの」と推断されているが[22]、氏の推断は的を射たものと思う。女楽（妓女）の出身の二つ目として、京畿内の氏（うぢ）というヤマト政権を支えた氏族から貢上された女性である氏女を挙げてよいと思う[23]。

瀧川氏は、上記の二つの出身以外に、東西文部及び楽戸の帰化氏族の子女を挙げられているが[24]、東西文部や楽戸の子女が女楽（妓女）になった明証がないので、この点については左袒することはできない。少なくとも、現段階では、日本古代の女楽（妓女）は、後宮に出仕した氏女・采女と同様に、京畿内の氏や地方豪族出身の女性と考えてよいだろう。

以上のように女楽（妓女）の出身を考えると、日本古代の女楽は官賤民ではなかったことが明らかである。そもそも、唐令においては女楽の所有制限に関する規定が存在していたのに対し、日本令にはそのような規定は存在しておらず、日本令は女楽を官賤民として規定していないのである。[25]それどころか、地方豪族や中央貴族の子女であって、むしろ社会的地位の比較的高い階層から取られていたといえる。

四　女楽賜与の歴史的背景

前節で明らかにしたように、日本古代の女楽（妓女）は官賤民ではなかった。そのような結論からすれば、なぜ官賤民ではない女性たちが渤海使に与えられたのか、また、どうしてそのようなことが可能であったのかが、大きな疑問として浮かび上がってくることと思う。

この問題を考える上で重視しなければならないのは、日本ではこうした女楽の賜与は本稿で取り上げている天平宝字三年正月甲午のこの時一回限りのことであったということである。すなわち、唐のようにいくつも実例があるのとは異なり、極めて特殊な事例であるということである。したがって、何よりも、この天平宝字三年正月の時期の特殊性から考えてゆく必要があるだろう。そのように考えた場合、この時期の所謂「藤原仲麻呂政権」との関連をまず以て取り上げなければならない。

藤原仲麻呂政権の政策の特色として、「唐風趣味」「唐風政策」であったことが指摘されている。[26]仲麻呂政権では、中男・正丁年齢の繰り上げ、『孝経』の家蔵、問民苦使の派遣、平準署・常平倉の設置、左右京尹の創設、四字年号の採用など唐代の諸政策を模したものが実に多いわけだが、女楽賜与という行為もこうした唐風に倣った可能性が考えられないだろうか。唐皇帝の臣下に対する大いなる恩典としての女楽賜与に擬し、日本天皇の渤海使（真の賜与対象は渤海王）への絶大な恩典として女楽の賜与が行われたのではないだろうか。

この時の渤海使楊承慶一行は、新羅征討計画と密接な関係を持っていたことが指摘されており、(27)日本と渤海との同盟関係形成のためにこれまでにない特別な恩典が賜与されたということが考えられよう。楊承慶らには女楽と一緒に綿一万屯も賜与されていたが、この一万屯という額も破格の数量であって、この時の渤海に対する賜与・贈答が極めて異例なものであったことを示している。(28)仲麻呂政権の唐風趣味に加えて、新羅征討計画のための同盟関係締結という特殊事情が結びつくことで、女楽賜与という前後に例を見ない奴隷にあらざる人身の贈与が行われたものと考える。

しかし、上記の説明だけでは、如何に権勢を振るった仲麻呂であっても、奴隷ではない女性を遠い異国に贈与することが本当に可能であったのか、当時の社会通念に照らし許される行為であったのか、という疑問を完全に払拭することはできないものと思う。この点について、筆者は次のようなことを考えている。

采女の貢献は、律令制以前の大王への服属の証しとして地方豪族の子女を貢献する遺制であったとされるが、(29)日本古代においては采女に限らず奴隷にあらざる人身の貢献が古くから行われていた。豪族から大王に献上された彼女・彼らは決して奴隷であったわけではなく、また献上後奴隷身分に陥ったわけでもなかった。二例ほど挙げよう。

〔日本書紀〕雄略天皇十年九月戊子条

身狭村主青ら、呉の献れる二の鵞を将って、筑紫に至る。是の鵞、水間君の犬の為に囓はれて死す。(注略)是に由りて、水間君、恐怖憂愁して、自ら黙すること能はずして、鴻十隻と養鳥人とを献りて、以て罪を贖はむことを請ふ。

〔日本書紀〕安閑天皇元年閏十二月是月条

是の月に、廬城部連枳莒喩が女幡媛、物部大連尾輿が瓔珞を偸み取りて、春日皇后に献る。事発覚するに至りて、枳莒喩、女幡媛を以て、采女丁に献り、(是春日部采女なり。)并せて安芸国の過戸の廬城部屯倉を献りて、女の罪を贖ふ。

水間君は罪を贖うために鴻(鵠)と養鳥人を献り、廬城部連枳莒喩は罪を贖うために屯倉とともに娘を采女丁として献上したという。こうした贖罪記事は史実そのままとは考えられないが、大化前代において、こうした人身献上が行われていたことは認めてよいものと思われる。

日本の古代社会には、族長の命令により家族や氏族の成員が服属の証しや贖罪の代償として大王に献上されるという慣習が存在していたと考えられる。官賤民にあらざる女楽が渤海に賜与された背景に、このような大王への人身献上の慣習の残存を想定できるのではないだろうか。采女や氏女は大王＝天皇に献上されたものという意識がこの時代の人々にも存在していたからこそ、天皇(実質は仲麻呂であったとしても、形式的には淳仁天皇からという形がとられた）の勅（意思）により渤海使に女楽を賜与することが可能であったのではないだろうか。(30)

おわりに

本稿では、東アジアにおける一般性と仲麻呂政権下の特殊性というふたつの視点から、天平宝字三年正月の女楽賜与の解釈を問い直し、日本古代の人身献上の問題にまで言及した。女楽賜与の記事から、奈良時代後半の天皇と氏族・豪族との間に大化前代以来の服属関係の存続を読み取ることは、いささか武断に過ぎたかもしれない。諸賢のご高批・ご指正を仰ぎたいと思う。

また、本論文集では、古代の天皇制をテーマとしており、天皇ないし大王を正面から取り上げて論じるべきところ、部分的な言及に止まったことをお詫びしたい。

註

（1）女楽の意味については、『日本国語大辞典〔縮刷版〕』第五巻（小学館、一九八一年）を参照。
（2）青木和夫他校注『続日本紀』第三巻（岩波書店、一九九二年）、三〇五頁、脚注二四。
（3）直木孝次郎他訳注『続日本紀3』（平凡社、一九九〇年）、二九頁。
（4）岸俊男『藤原仲麻呂』（吉川弘文館、一九六九年）、二七五頁。この他、藤井一二『天平の渤海交流　もうひとつの遣唐使』（塙書房、二〇一〇年、一一九頁）も、同様な解釈をしている。

（5）沼田頼輔『日満の古代国交』（明治書院、一九三三年）、六八頁。

（6）上田雄・孫栄建『日本渤海交渉史』（六興出版、一九九〇年）、八四頁。上田雄『渤海国の謎』（講談社、一九九二年）、一三三～一三六頁。上田雄『渤海使の研究　日本海を渡った使節たちの軌跡』（明石書店、二〇〇二年）、二八四、九三五～九三八、九四一～九四二頁。

（7）同様な記事は、『旧唐書』巻一九九下、北狄伝渤海靺鞨条、『新唐書』巻一四四、北狄伝渤海条、『冊府元亀』巻九七二、外臣部・朝貢五などに見える。なお、沼田氏は「上記中、内裏の女楽を渤海客に賜ふとあるは、単にこれを観せしめたといふのではなくて、実際にこれを与へられたものであるかと思はれる。これは、其後三年を経て、文王大欽茂が、日本の舞女十二人を唐の粛宗に献じた事が記されてあるのを見ても、疑もなく、この時下賜せられたものであらう」（『日満の古代国交』明治書院、一九三三年、六八頁）と書かれているが、「其後三年」は「其後十八年」、「粛宗」は「代宗」、「舞女十二人」は「舞女十一人」のそれぞれ誤りと思われる。

（8）上田雄『渤海国の謎』（講談社、一九九二年）、一三五～一三六頁。

（9）石井正敏「第二次渤海遣日本使に関する諸問題」（『日本渤海関係史の研究』吉川弘文館、二〇〇一年）の三八三頁注（19）において、上田氏の見解が批判されている。また、田島公「日本、中国・朝鮮対外交流史年表―大宝元年～文治元年―」（橿原考古学研究所附属博物館編『貿易陶磁―奈良・平安の中国陶磁―』臨川書店、一九九三年）は、沼田氏・上田氏の研究に触れてはいないが、天平宝字三年の該当記事の部分で女楽が渤海に渡ったことについて疑問符を付している。酒寄雅志「渤海の遣唐使」（『東アジア世界史研究センター年報』四、二〇一〇年）の八一頁註（14）でも「前者の内裏の女楽が、後者の渤海の遣唐使が唐に献じた舞女とすると、両者には18年もの隔たりがあり、いかにも不自然である」とされている。

(10) 瀧川政次郎「内教坊考」(『国学院法学』二―二、一九六五年)。また、荻美津夫『日本古代音楽史論』(吉川弘文館、一九七七年)にも言及が見られる。
(11) 岸辺成雄『唐代音楽の歴史的研究　楽制篇』上・下(和泉書院、二〇〇五年、旧版は東京大学出版会より一九六一年に刊行)。
(12) 岸辺成雄『唐代音楽の歴史的研究　楽制篇』上(和泉書院、二〇〇五年)、三五五～三六二頁。なお、唐代以前からの女楽の性格については、簡略ではあるが、趙維平「奈良、平安期日本における異文化受容のあり方―女楽と踏歌の場合―」(『音楽芸術』五五―八、一九九七年)を参照。
(13) 王永興編『隋唐五代経済史料彙編校注』第一編上(中華書局、一九八七年)。
(14) 池田温編集代表『唐令拾遺補』(東京大学出版会、一九九七年)、六六二～六六三頁。大野仁「白居易の判」(『白居易研究講座　第二巻　白居易の文学と人生　Ⅱ』勉誠社、一九九三年)も参照。
(15)『唐六典』巻四、礼部郎中員外郎条。
(16)『太平御覧』巻五百七十五、楽部鐘。このほかに『文苑英華』巻五百七・判五などにも、女楽の私有制限に関する令規定を前提とした判が見られる。
(17)『唐会要』巻三十四、論楽雑録。
(18) 菊池英夫「唐代史料における令文と詔勅文との関係について―「唐令復原研究序説」の一章―」(『北海道大学文学部紀要』二二―一、一九七三年)。
(19)『東大寺要録』巻二、供養章第三、開眼供養会。
(20) 骨咄の女楽については、『新唐書』巻二百二十一下、西域伝骨咄条の開元二十一年の記事を参照。訶陵の女楽については、『新唐書』巻二百二十二下、南蛮伝訶陵条の咸通中の記事を参照。

(21) 瀧川氏註(10)論文、一三〜一四頁。
(22) 瀧川氏註(10)論文、一四頁。
(23) 氏女・采女の貢上については、後宮職員令18氏女采女条に規定が存在する。
(24) 瀧川氏註(10)論文、一四〜一五頁。
(25) 女楽や彼女らを管轄した内教坊が設置された時期については、定かではない。瀧川氏はおそくとも文武・元明朝の頃には設けられていたと推定されている(瀧川氏註(10)論文、二〜三頁)が、あまり明確な根拠があるわけではない。女楽・内教坊共に令に規定が無いのは、大宝律令完成後に設けられた令外の存在であったためとも考えられる。その場合は、大宝律令の段階では、官賤民であるかどうかは別として女楽や内教坊といった制度自体全く継受しなかったということになる。そうであったとしても、大宝律令制定後、女楽・内教坊の制度を作るにあたって、唐制とは異なり、女楽を官賤民としなかったことは明らかであろう。なお、内教坊の設置の下限は、飯高諸高の薨伝により、元正朝の養老年間である。
(26) 関連研究は多くあるが、ここでは木本好信「藤原仲麻呂の唐風政策」(甲子園短期大学文化情報学科編『メディアと情報』甲子園短期大学、二〇〇八年)を挙げておく。
(27) 酒寄雅志「八世紀における日本の外交と東アジア情勢」(『渤海と古代の日本』校倉書房、二〇〇一年)、石井正敏「初期日本・渤海交渉における一問題—新羅征討計画と渤海—」(『日本渤海関係史の研究』吉川弘文館、二〇〇一年)などを参照。
(28) 『延喜式』巻三十(大蔵省、賜蕃客例条)では、渤海王への綿支給額は三百屯である。綿以外にも絹三十疋、絁三十疋、絲二百絇が与えられるとはいえ、綿一万屯という支給額はこれらの総計よりも大きく上回る価値があったとみてよいだろう。

(29) 氏女の貢献は、采女にならって、天武朝に制度化されたものと考えられる。磯貝正義『郡司及び采女制度の研究』(吉川弘文館、一九七八年)を参照。

(30) 後宮職員令18氏女采女条や軍防令38兵衛条では、氏女・采女や兵衛の貢上について規定されているが、この両条に見える「貢」は正に「みつぐ」=献上の意味で表記されていると思われる。唐律令でも科挙を受験する官人候補者を推薦することを「貢挙」と言い、諸州の長官が推薦した候補者を「貢人」と称し、「貢」を用いているが、唐律令の「貢」は推薦の意味で用いられており、日本令の「貢」とは語義的に異なっていたと思われる。唐令の「貢挙」「貢人」の解釈については、八重津洋平　訳註「職制」(律令研究会編『訳註日本律令　六　唐律疏議訳註篇二』東京堂出版、一九八四年)を参照。

称徳天皇と東国の采女

——一点の木簡から——

佐藤　信

平城宮木簡の第一号として報告されている木簡は次のようなものである（奈良国立文化財研究所『平城宮木簡一』）。

（表）寺請　小豆一斗　醤一十五升〈大床所〉酢　末醤等

（裏）右四種物竹波命婦御所　　三月六日

縦二五九㎜×横（一九）㎜×厚4㎜　〇一一型式

この木簡の読解を通して、奈良時代の歴史展開のなかに一点の出土文字資料がどのように位置づけられるのか、考察してみたい。

一　平城宮木簡第一号

平城宮木簡第一号は、平城宮跡の中央区（第一次）大極殿の北方に位置する官衙地区のゴミ捨て穴（SK二一九）の底の水分を含んだ灰色砂質土中から一括で出土した遺物のなかの一つである。一九六一年に、初めて「木簡」としての認識をもって発見された平城宮木簡四〇点のなかの一点であった。木簡の左側が欠損しており、表の文字は右側、裏の文字は左側の部分のみが残っているが、墨痕は鮮やかに残っており、一二〇〇年前の文字でも、出土して泥を取り除くと肉眼で読みとれるものであった。表裏の文章は、釈文のように解読できた。

文書を記載した文書木簡であり、文書木簡がよく採用する短冊型の形態（〇一一型式）をしている。紙の公文書ならば、役所間や役所と役人間の文書には差出・宛所を記載し、律令の公式令の書式（符・解・移・牒など）を用いて印を捺印するはずであるが、日常のやりとりに用いられる木簡の場合、この文書木簡のようにいろいろと省略して必要事項のみを記載しているものが多い。ただし、差出・宛所の間では、この記載だけで充分理解しあえたのである。

木簡の読解に入ろう。はじめに「寺」とある。寺院のことかと思うが、念のため諸橋轍次『大漢和辞典』（大修館書店）を調べておこう。すると、「寺」の意味は、「①つかさ。やくしょ。②九卿の政務を執る官処。③やかた。④てら。⑤そばづかひ」とある。漢字「寺」は、つかさ・やくしょの意味とまず記されており、

「寺」をすぐ寺院と考えたのは先入観であったことがわかる。そう思ってみれば、五世紀の金石文として著名な埼玉古墳群（埼玉県行田市）の稲荷山古墳から出土した鉄剣銘文には、「…獲加多支鹵大王寺在斯鬼宮時…」（ワカタケル大王の寺、磯城の宮に在りし時）とあり、仏教が日本列島に公的に伝来する六世紀半ばよりもかなり古い時代から、「寺」という漢字が「つかさ・やくしょ」の意味で用いられていたのである。そこで、「寺」はどこかの役所と理解して次に進もう。

二字めの「請」の意味には、物事を要請する場合の「請（こ）う」と、正反対に物を受け取った場合の「請（う）く」との両方があり、この場合「寺」が請求したのか、受け取ったのかは、まだ判断できないが、双方の可能性を考えながら先に進む。

その次は、「小豆」（あずき）・「醤」（ひしお）・「酢」（す）・「末醤」（まっしょう）「等」と食料品・調味料が並んでいる。古代の食料品に関しては、関根真隆『奈良朝食生活の研究』（吉川弘文館）という名著があり、これを見れば、どのような物で古代の史料にどのように出てくるかを知ることができる。ここでは、食材の小豆と、調味料としての醤油・酢・味噌をさすことがわかる。「等」の字にも、掲げた品物だけをさす場合とその他の品もふくむ場合とあるが、裏面に「右四種物」とあるから、ここは四品だけのことをさす。右傍に小書された「大床所」は未詳だが、便宜的に置かれた役所の小組織「所」と思われ、「醤」の量が多い（一斗五升）ことの説明かもしれない。

さて、「竹波命婦」とは何か。古代史を学んだ人なら、「命婦」は「みょうぶ」と読むことはどこかで見聞きしているはずである。「命婦」の意味は、『令義解』(新訂増補国史大系、吉川弘文館)の職員令3中務省条の義解の注釈のなかに、

婦人帯五位以上、曰内命婦也。五位以上妻、曰外命婦也。

とあるように、自身が五位以上という貴族の地位にある女性か、五位以上の貴族の夫人であるか、いずれにしても貴婦人の敬称である。そうすると、「竹波命婦」は貴婦人の名前であり、だからこそその下に彼女の居所を「御所」と脇付・敬称で記していることがわかる。

「竹波」の読みは、答えを先取りすると、「筑波」(つくば)である。八世紀初頭までの木簡に、九州の「筑紫」を「竹志」と記した例があるように、「竹」は「筑」と同字なのである。「筑波」は関東平野に独立する山として名高い筑波山の筑波であり、古代でいうと常陸国に属する筑波郡(茨城県つくば市)の地名である。したがって筑波郡と縁のある「筑波命婦」(つくばのみょうぶ)という貴婦人の名ということになる。

二　筑波采女壬生直小家主女

五位以上の人であれば『続日本紀』にも名を残すことがあり得るので、人名を捜索することにする。奈良時代の人名については、『日本古代人名辞典』(吉川弘文館、全七巻)という大変便利な辞書があり、人名とその登場史料を網羅してくれており、有難い。ここでは、すぐには人名が引き出せないかもしれない

が、常陸国筑波郡まで手がかりがあるので、『古代地名大辞典』（角川書店）などの地名辞典で筑波郡の所を調べると、通称「筑波命婦」というこの人物の本名がわかる。

そうすると、「竹波命婦」とは、常陸国筑波郡出身の采女である、壬生直小家主女（みぶのあたいこやかぬしめ）という女性であったこと、そして彼女は、のちに後宮の女官の官職「掌膳」として、女性天皇である称徳天皇の食膳を管掌した側近女官であったことがわかるのである。

采女とは、律令の後宮職員令18氏女采女条に、

凡諸氏、々別貢女、皆限年卅以下十三以上。雖非氏名、欲自進仕、聴。其貢采女者、郡少領以上姉妹及女、形容端正者、皆申中務省、奏聞。

とあるように、地方豪族である郡司の長官・次官（大領・少領）の姉妹・娘のうち「形容端正」である、すなわち美しい女性を天皇のもとに仕えさせる制度であった。古代国家が、中央の天皇と、地方に伝統的な支配権を持つ地方豪族との間の支配・服属関係によって成立したことを示唆する制度である。郡司に任命された伝統的な地方豪族にとっては、地域における自らの支配権を拡充するために、中央の天皇権力と結びつく重要な役割を、一族の娘たちに期待したのであった。

都が、それまで長く大王宮が置かれてきた飛鳥から、新しい中国風宮都である藤原京に遷都（六九四年）した時に読まれた『万葉集』の和歌、

采女乃　袖吹反　明日香風　京都乎遠見　無用尓布久　　巻一、五一番

には、七世紀の宮廷で輝いた采女たちの様子をうかがうことができる。天智天皇が後継者と期待し、近江朝廷を主宰させた大友皇子は伊賀采女を母とする皇子であったし、六七二年の壬申の乱において父の大海人皇子（天武天皇）を支えて軍事的指揮を執り行った高市皇子も、九州（筑前国宗像郡）の地方豪族出身の宗像采女を母としているように、七世紀までは天皇と采女との間に産まれた皇子が有力な皇位継承候補となることもあったのであった。天智天皇から特別に采女を妻として与えられたことを無邪気に喜んだ藤原鎌足の和歌（『万葉集』巻二、九五番）にも、地方豪族出身の采女たちの宮廷における活躍の様子をうかがうことができよう。

地方豪族の期待をになって各地から天皇の宮廷に集まった采女たちは、単に「形容端正」であるだけではなかったはずで、他の采女たちに負けない高い教養を身につけていたはずである。壬生直小家主女も、常陸国筑波郡司である壬生直氏の期待をになって都に向かった、美しく知的な女性であったろう。

ところで、彼女の出身地である常陸国筑波郡（茨城県つくば市）では、郡役所の筑波郡家（郡衙）を構成した、国家的な倉庫群である「正倉院」の遺跡（平沢官衙遺跡）が、発掘調査によって明らかになっている。発掘成果にもとづく史跡整備が行われて、今は史跡公園となっており、奈良時代と同じ工法によって復元された数棟の正倉倉庫建物が再現されている。また、この遺跡の隣りには古代寺院である中台廃寺の遺跡があり、礎石群が残り瓦が散布している。この寺院は筑波郡司の氏族寺院と考えられ、壬生直氏が仏教を受容し、先進的な文化も取り入れていたことを示している。こうした氏族的環境のなかで、壬生直小家主女は、子供の頃から仏教信仰や先進的な教養を身につけたことと思われる。

『続日本紀』には、壬生直小家主女はしばしば登場しており、それは次のようである。

①天平宝字五年（七六一、淳仁天皇）正月戊子「…正七位下壬生直小家主女…並外従五位下。」

②天平神護元年（七六五、称徳天皇）正月己亥「外従五位下…壬生連小家主女…並従五位下。」「従五位下壬生直小家主女勲五等」（恵美押勝の乱）

③神護景雲元年（七六七、称徳天皇）三月癸亥「常陸国筑波郡人従五位下壬生連小家主女賜姓宿禰。」

④神護景雲二年（七六八、称徳天皇）六月戊寅「以…掌膳常陸国筑波采女従五位下勲五等壬生宿禰小家主…並本国国造。」

⑤宝亀七年（七七六、光仁天皇）四月丙子「授…従五位上…壬生宿禰小家主並正五位下」

壬生直小家主女は、七六一年（天平宝字五）に正七位下から外従五位下へと破格の昇進をしている（①）。後宮の女官として孝謙太上天皇に気に入られたことが背景にあるのではないか。さらに七六四年の恵美押勝（藤原仲麻呂）の乱を制圧し淳仁天皇を廃帝として称徳天皇が再即位すると、七六五年（天平神護元）正月に「外従五位下」から内位の「従五位下」となって中央貴族化しつつ、女性としては珍しい「勲五等」を得ている（②）。勲位は普通武功を立てた武人が得るものであるが、この場合、恵美押勝の乱の際に孝謙太上天皇の側近として近辺警護に活躍したことによる評価であろう。この時カバネも「直」から「連」

に昇格しているようであるから、よほど孝謙太上天皇の信頼が厚かったと思われる。称徳天皇の時代になると、女性天皇の側近として、七六七年（神護景雲元）にはカバネが「連」から「宿禰」へと上昇している（③）。さらに翌七六八年（神護景雲二）には、後宮の官司「後宮十二司」のなかの食膳を担当する「膳司」の「掌膳」であり「常陸国筑波采女」とありながら、本国（常陸国）の「国造」にも任命されている（④）。中央に居る女官がそのまま本国の国造となることは珍しいが、彼女を都に送り出した郷里の郡司氏族壬生直氏としては、大変喜ぶべき叙任であったといえよう。その後しばらく『続日本紀』には顔を見せないが、称徳天皇亡き後の光仁天皇時代の七七六年（宝亀七）に、位階が従五位上から正五位下に上ったという記事が最後の記載となる。

これらの記事からすると、壬生直小家主女は、常陸国筑波采女として、女性天皇である孝謙天皇→孝謙太上天皇→称徳天皇の後宮にずっと続けて仕え、とくに食膳を担当しつつ側近として活躍した女性といえるだろう。称徳天皇は、道鏡への帰依で知られるように、母光明皇后ゆずりの仏教篤信者であったから、出身地の中台廃寺に象徴される壬生直小家主女の仏教信仰も、天皇と彼女の結びつきを人格的に強めたのであろう。

三　称徳天皇と采女たち

称徳天皇は、後宮の側近女官として和気広虫（和気清麻呂の姉）や吉備由利（吉備真備の妹か）をよく親任したことが『続日本紀』によって知られる（和気広虫はのちに女帝によって排除されたが）。和気氏も吉備（下道）氏もいずれも地方豪族というべき氏族であり、壬生直小家主女の存在も、そうした傾向と合わせて理解できる。そして、恵美押勝の乱で緊張した時期に孝謙太上天皇を支えて活躍したことにより、壬生直小家主女は、称徳天皇時代にさらに光栄ある待遇を得たのであった。

実は、孝謙太上天皇・称徳天皇の後宮に仕えて天皇の信任を得た采女には、筑波采女の壬生直小家主女以外にも、東国など多くの地方豪族出身の采女たちが存在した。上野国佐位郡の郡司檜前部君氏出身の采女であった檜前部老刀自の場合がそれにあたる。老刀自は、七六六年（天平神護二）十二月に称徳天皇の西大寺行幸に従って外従五位下から外従五位上となり、七六七年（神護景雲元）三月には「檜前部君」から「上野佐位朝臣」の姓を賜っている。七六八年（神護景雲二）六月には「掌膳上野国佐位采女外従五位下《ママ》上野佐位朝臣老刀自」として本国（上野国）の国造に任じられており、七七一年（宝亀二）正月には五位下まで昇っている（『続日本紀』）。老刀自が称徳天皇から「上野佐位朝臣」の姓を賜わったことは、国造に任じられたことと合わせて、出身の佐位郡司氏族である檜前部君氏にとって大きな朗報であったろう。この上野国佐位郡でも、佐位郡家の遺跡として三軒家遺跡（群馬県伊勢崎市）が発掘調査されており、『上野国交替実録帳』（一〇三〇年）の記載と一致する正倉倉庫群などが検出されている。郡家のすぐ北には七世紀後半にさかのぼる「郡寺」上植木廃寺とその瓦窯跡があり、檜前部老刀自もこの寺院で仏教信仰を育んでいたことが称徳天皇の信任へと結びついたのであろう。彼女も後宮の女官「掌膳」であったから、同じ東国出身の采女として、先の壬生直小家主女とも同僚として称徳天皇に仕えたのであった。こうした地方豪族出身の采女たちとその出身母体である地方豪族たちが、女性天皇である称徳天皇を支える無視し得ない政治勢力となっていたといえるのではないだろうか。

四　平城宮木簡第一号と恵美押勝の乱

さて、このように「竹波命婦」が壬生直小家主女とわかると、彼女がはじめて外従五位下となって「命婦」とよばれるようになったのが、①の七六一年であるから、この木簡の記載は七六一年以降といえる。他に手がかりがないかというと、実は同じゴミ捨て穴から出土した他の木簡の年代が参考になる。このゴミ捨て穴から出土した木簡群のなかには年紀が記載されたり推定できるものが何点かあり、それを整理すると、七六二年（天平宝字六）が三点、七六一年（天平宝字五）かと推定されるものが一点、七六三・七六四年（天平宝字七・八）と推定されるものが二点（この木簡をふくむ）である。このゴミ捨て穴は、一気に捨てられた遺物の出土状況や土の堆積状況から、短期間のうちに掘ってすぐ埋め戻されており、その時期は、木簡の年紀から天平宝字年間の末ころ、すなわち七六三・七六四・七六五年ころのことと考えられる。

そこまで調べてから、今度は手がかりを求めて、『続日本紀』の同時期の記事をじっくりと読んでみよう。すると、『続日本紀』には、次のような関連記事が見つかる。

ⅰ七六二年（天平宝字六）五月辛丑条

高野天皇（孝謙太上天皇）与　帝（淳仁天皇）有隙。於是、車駕（天皇）還平城宮。帝御于中宮院、高野天皇御于法華寺。

ⅱ七六二年（天平宝字六）六月庚戌条

喚集五位以上於朝堂、詔曰、太上天皇御命以〈弖〉卿等諸語〈部止〉宣〈久〉。朕御祖大皇后〈乃〉御命以〈弖〉朕〈尓〉告〈之久〉、「岡宮御宇天皇〈乃〉日継〈波〉加久〈弖〉絶〈奈牟止〉為。女子〈能〉継〈尓波〉在〈止母〉欲令嗣」〈止〉宣〈弖〉、此政行給〈岐〉。加久為〈弖〉今帝〈止〉立〈弖〉須麻〈比〉久〈流〉間〈尓〉宇夜宇也〈自久〉相従事〈波〉无〈之弖〉、斗卑等〈乃〉仇〈能〉在言〈期〉等久〈止〉不言〈岐〉。辞〈母〉言〈奴〉。不為〈岐〉行〈母〉為〈奴〉。凡加久伊波〈流倍枳〉朕〈尓波〉不在。別宮〈尓〉御坐坐〈牟〉時自加得言〈也〉。此〈波〉朕劣〈尓〉依〈弖之〉加久言〈良之止〉念召〈波〉愧〈自弥〉伊等保〈自弥奈母〉念〈須〉。又一〈尓波〉朕応発菩提心縁〈尓〉在〈良之止母奈母〉念〈須〉。是以出家〈弖〉仏弟子〈止〉成〈奴〉。但政事〈波〉常祀〈利〉小事〈波〉今帝行給〈部〉。国家大事賞罰二柄〈波〉朕行〈牟〉。

iii七六四年（天平宝字八）九月壬子条（恵美押勝伝）

押勝（藤原仲麻呂）者、…其余顕要之官、莫不姻戚。独擅権威、猜防日甚。時道鏡常侍禁掖、甚被寵愛。押勝患之懐不自安。

iv七七二年（宝亀三）四月丁巳条（道鏡伝）

道鏡…宝字五年（七六一）、従幸保良、時侍看病稍被寵幸。廃帝（淳仁）常以為言、与天皇（孝謙）不相中得。天皇乃還平城別宮而居焉。

ⅰの七六二年（天平宝字六）五月の記事には、次のような背景があった。これより前、平城宮の改作のため、近江国の保良宮（ほらのみや、滋賀県大津市）に移っていた淳仁天皇と孝謙太上天皇（高野天皇）とは、看病にあたった道鏡を孝謙が寵愛するようになったことを淳仁天皇がしばしば諌めたため、ついに険悪な関係になってしまった。七六二年（天平宝字六）五月に平城宮に戻った時には、二人の関係はかなり悪化しており、淳仁天皇が平城宮の中宮院（内裏）に入ったのに対し、孝謙太上天皇は平城宮の東に隣接する法華寺を居所として、別居状態になってしまった。法華寺は、七一〇年の平城京遷都以前から藤原不比等の邸宅があった場所で、不比等没後には娘の光明皇后が伝領し、仏教信仰に厚い光明皇后がこの邸宅を寺にして総国分尼寺となる法華寺にしたのだった。孝謙太上天皇は光明皇后の娘であるから、母譲りの寺に居を定めたのである。

この時代の太上天皇は天皇と並ぶかそれを上まわる権威と権力をもっており、決して現役を引退したような存在ではなかった。ⅱによれば、七六二年（天平宝字六）六月に、

但し政事は、常の祀り・小事は今帝（淳仁）行い給へ。国家の大事・賞罰二柄は朕（孝謙太上天皇）行はむ。

と、孝謙太上天皇は一方的に淳仁天皇の権限を規制する宣言を五位以上に対して発しているのである。

こうして、道鏡を寵愛する孝謙太上天皇と淳仁天皇との間が決裂すると、淳仁天皇を擁立した恵美押勝（藤原仲麻呂）の立場は微妙になってくる。恵美押勝は、七五七年の橘奈良麻呂の乱で橘氏や大伴氏・佐伯氏などの勢力を押さえ込んだばかりか、同じ藤原南家でも、自分より上位の右大臣であった兄の豊成を陥れて大宰府に左遷したこともあった（豊成は病を称して難波に留まった）。息子たちを参議に取り立てるなど自らの一家にあまりに権力を集中してしまったことにより、他氏族ばかりか同じ藤原氏の他家（北家・式家・京家）からの支持も失う状況にあった。

最終的に七六四年九月、恵美押勝は乱を起こす。しかし、平城宮において中立を守る淳仁天皇のもとにあった「鈴・印」（天皇の支配権の象徴である駅鈴と「天皇御璽」の内印）の争奪戦で序盤に孝謙太上天皇側に敗れる。そこで自らの地盤であった近江国（滋賀県）をめざすが、太上天皇側に先回りされて近江国府（滋賀県大津市）には入れなくなってしまう。そこで、次に琵琶湖西岸を北上して息子が国守をして

いた越前国（福井県）をめざす。しかし、ここでも先回りされ愛発関が押さえられていて越前には入れず、ついに琵琶湖湖西の地で最後の決戦を行った。長い戦いのなか、孝謙太上天皇側につく藤原式家の軍勢の到着もあってついに敗れ、恵美押勝は兵士に斬殺されてしまったのである。孝謙太上天皇側には、「授刀衛」の武力とともに恵美押勝の専権を憎む諸氏族や藤原諸家などの武力があり、参謀として兵法に通じた吉備真備もいたのであった。さらに、采女たちの出身氏族である地方豪族の存在も大きな支えとなったことであろう。

ここまできて木簡冒頭の「寺」にもどると、この「寺」は、法華寺の寺であり、やはり「てら」の意味でよかったことに気づく。孝謙太上天皇の入った法華寺では、側近の後宮女官として食膳のことを扱った壬生直小家主女すなわち「竹波命婦」がそば近くに仕えており、法華寺の彼女のもとから、平城宮のなかにある食料担当の役所に対して、必要な食料品・調味料を請求したのが、この文書木簡であったのである。この文書木簡は省略された文章ではあるが、これで充分差出・宛所の両者ともに理解できる内容であったといえる。小豆・醤・酢・末醤などを扱う平城宮内の食料担当の役所は、宮廷全体の食膳を取り扱った大膳職（だいぜんしき。宮内省の被管）であり、この木簡は、宮内の大膳職までやってきて、そこで不要となり、廃棄されてゴミ捨て穴の底に埋められたのであった。平城宮には木造建築群が多数建てられていたから、宮内でゴミを処分する時には、火災を避けるため焼却せずに穴を掘って埋めることが一般に行われていた。そうすると、この木簡は孝謙太上天皇が保良宮からもどって法華寺に入った天平宝字六年（七六二）

五月以降の木簡であると限定できる。さらに、恵美押勝の乱後に淳仁天皇は廃位されて「廃帝」となり(「淳仁」の天皇号は近代の明治になってから贈られたものである)、七六四年十月には称徳天皇が再即位して太上天皇・天皇の別居状況は解消されたから、「三月六日」の日付をもつこの木簡の年紀は、七六三年または七六四年のいずれかに限定できるのである。もちろん、この結論は、すでに述べたこのゴミ捨て穴への一括廃棄の推定年代である天平宝字年末年(七六三・七六四・七六五年ころ)と矛盾しない。

おわりに

この平城宮木簡の第一号木簡は、孝謙太上天皇の側近であった竹波命婦(筑波采女の壬生直小家主女)が、食膳担当の後宮女官として、「寺」すなわち法華寺から、平城宮内にあった米以外の食料管轄官庁である大膳職宛てに、小豆・醤などの食料・調味料を請求した文書木簡であった。品物はおそらくすぐに法華寺に送り届けられ、用済みとなった木簡は、大膳職の側で廃棄された。この木簡が出土したゴミ捨て穴のあった官衙地区は、他の木簡の内容の検討からも、大膳職と推定されている。

当時の官人たちは、のちの八一〇年に起きた「平城太上天皇の変」(「薬子の変」)の際に嵯峨天皇と平城太上天皇が対立した時の「二所朝廷」の状況のように、対立する淳仁天皇(その背景には恵美押勝がいた)と孝謙太上天皇との間にあって、緊張しながら中宮院と法華寺の動向を見守っていたはずである。

この木簡自身は年紀を欠いて短い記載しかもたないが、まさに恵美押勝の乱前の、孝謙太上天皇と淳仁天皇との対立というきわめて緊迫した政治情勢にあった、その時点において書かれ、機能し、廃棄された文書であった。木簡と文献史料を合わせて相互に検討することによって、古代史の歴史理解がより深化することができる一例ではないかと考える。

参考文献

沖森卓也・佐藤信『上代木簡資料集成』おうふう、一九九四年。
門脇禎二『采女』（中公新書）中央公論社、一九六五年。
狩野久『木簡』（日本の美術一六〇）至文堂、一九七九年。
佐藤信『日本古代の宮都と木簡』吉川弘文館、一九九七年。
奈良国立文化財研究所『平城宮木簡一』『平城宮木簡一（解説）』一九六九年。
木簡学会編『日本古代木簡選』岩波書店、一九九〇年。
木簡学会編『日本古代木簡集成』東京大学出版会、二〇〇三年。

平安時代における清涼殿の出入方法

――建築空間からみた摂関期の成立――

有富　純也

平安貴族の漢文日記から、平安時代の政務や儀式を理解しようとするとき、内裏の空間構造を把握することは必要不可欠である。貴族たちがどこから建物に入り、どこで文書を読み上げたかなどは、そのときの政治状況や支配のあり方を示している可能性があるため(1)、内裏の空間構造を検討する研究が近年もみられる。

以上のような観点から、本稿は、内裏、特に九世紀あるいは十世紀から天皇の私的居所・公的政治空間となった清涼殿に注目する。内裏あるいは清涼殿の構造は、裏松固禅『大内裏図考証』(2)をひもとけば、ある程度把握することはできる。また近代に入っても、藤岡通夫氏(3)、島田武彦氏(4)、目崎徳衛氏(5)、角田文衛氏、鈴木亘氏(6)、飯淵康一氏(7)などの諸研究がある(8)。また近年では、清涼殿の内部構造の細部にまで踏み込んで論及する研究もみられるようになったが(9)、詳細については、いまだ不明な部分も多い。

そこで本稿では、近年の研究動向にも目を配りながら、〈貴族がどのように清涼殿に出入りするのか〉、すなわち、主に南北における清涼殿諸門の使用のあり方を解明したい(10)。さらに、清涼殿の構造の検討結果から、清涼殿のあり方が変化する時期についても述べてみたい。

一　清涼殿の南側

まず清涼殿の南側について確認する。貴族たちは、天皇臨席の儀式に出席するため、多くの場合、南側に配置される門戸を通過している。そこで、古記録などから、南側の諸門の利用方法について検討する。貴族が外部から清涼殿孫庇に入ると仮定し、貴族がどの門・空間を通過するか考えてみたい。なお適宜、清涼殿図（図1）を参照されたい。

1　無名門

まず無名門について検討する。この門に関しては、すでに先行研究で簡単に触れられている通り(11)、清涼殿の玄関に相当する門である。『侍中群要』（陣召事、上卿於弓場殿奏文事）には、「於二无名門外一、上令レ奏レ文間」とある。また古記録をみてみると、この近辺で蔵人・近衛を介して貴族が奏上することが多い(12)。

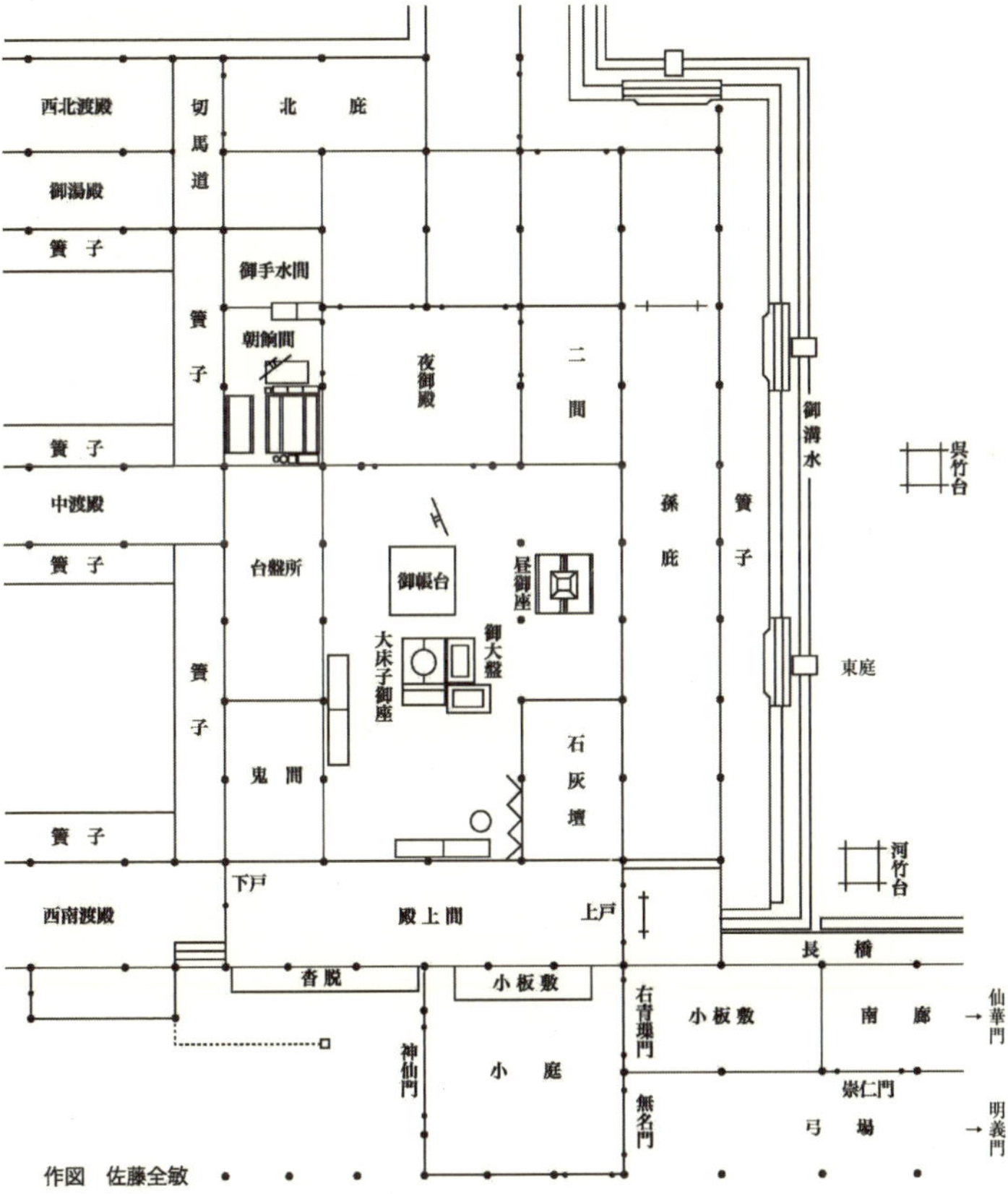

図１　寛政復古清涼殿舗設図

2　神仙門

無名門を通った貴族は、「小庭」とよばれる空間に入る。小庭の西側には、神仙門と呼ばれる門がある。図2からも知られるように、殿上間にさえぎる門戸はないのだから、空間構成上、さほど意味のある門とは思えない。『延喜掃部式』賭射条に、この門がみられることから、少なくとも十世紀初期には存在したと考えてよいだろう。[13]

3　殿上上戸（東戸）

さて、小庭から清涼殿東孫庇に入るためには、二つの方法がある。

殿上人であれば、殿上間を通り東孫庇へと向かう。おそらく小庭に置かれている「侍小板敷」[14]で靴を脱ぎ、殿上間に入ると考えられる。侍小板敷で靴を脱ぐことに関しては、『殿暦』康和四年（一一〇二）十二月十三日条に、「今日官奏。右〔左〕府被レ候。申剋許被レ参。（中略）余、殿上イシのもとニ居、左中弁時範朝臣入レ自二無名門一居。余目之。弁作法如レ常。余、文見了給レ弁。弁結申了退還。件時範、下レ自二小板敷一、クツヲハク間、跪レ地クツヲハク、尤可レ然事也。乍レ立クツヲハク頗無便歟」とあることから確認できる。

そして、殿上間に上がったのち、殿上上戸を通り、年中行事障子の脇を通って孫庇に入る。なお、ここでの侍小板敷の西側に、神仙門を挟んで「沓脱」が存在する。この沓脱も（文字通り）靴を脱ぐ場所であ

図2『承安五節絵』（川島絹江「新資料紹介早稲田大学図書館蔵『承安五節之図』」（『研究と資料』40、1998年）より）

るが、島田武彦氏によれば、身分の高低で侍小板敷と沓脱を使い分けていたらしい[15]。

4　右青瑣門

一方、殿上間を通らない場合もある。小庭から右青瑣門を通り、南廊に出る。南廊小板敷でおそらく靴を脱ぎ、年中行事障子の脇を通って孫庇に入る例もみられる[16]。

さて以上の論述で、孫庇周辺に貴族が進入するとき、二つの方法があることを確認した。ではこの二つの方法は、どのような使い分けがなされていたのだろうか。『侍中群要』（進退往反事）には、「右青瑣門ハ、殿上人不レ通云々」とあり、また前田家巻子本『西宮記』（巻三、灌仏事、裏書）には、「天慶七年灌仏云々（中略）王卿参上、昇殿人自二侍戸一進、其余入二青瑣門一」とあることから、その貴族の身位の差——具体的には殿上人か否か——により、二つの方法が使い分けられていたらしい。

なお、いまみた前田家巻子本『西宮記』（巻三、灌仏事、裏書）には、「天慶七年灌仏云々」とあることから、天慶七年（九四四）にはすでに、二つの門戸の使い分けはなされていたようである。

5　殿上上戸と右青瑣門

ただし、以上のような使い分けには例外もあった。『侍中群要』（進退往反事）には次のようにある。

右青瑣門不レ可二往還一事

右青璅門、惣不レ可二往還一。但有二可レ状事一、上臈多坐二東戸辺一時、蜜々従二彼門一可レ通之由有レ命。（以下略）

『侍中群要』は、いわば蔵人のマニュアルであるから、ここでは蔵人の場合に限られるが、身分の高い人が多く「東戸」、つまり殿上戸周辺に集まっていた場合、ひそかに右青璅門を通ることが許されていたようである。ただし原則として二つの門戸は、前節でみたように、使い分けがなされていた。

さらに官奏・叙位のとき、奏上者や参加者の多くは公卿であるにもかかわらず、右青璅門を用いる場合もある。この点はやや説明を要するので、以下で検討したい。

まず、官人の位階を決定する叙位について。『撰集秘記』所引、『天暦蔵人式』によれば、「蔵人奉レ仰向二議所一召二諸卿一、（中略）諸卿自二右青璅門一参上着座」とある。ここでは、公卿らは右青璅門を通過して東孫庇に着座していることが知られる。しかし前田家巻子本『西宮記』（巻一、五日叙位議）をみてみると、「公卿等入レ自二殿上東戸一、着二御前座一」とある。『北山抄』『江家次第』では明確な記載はないが、『西宮記』と同様であると解釈できる[17]。『天暦蔵人式』と『西宮記』とのあいだに、何らかの変化があったと考えてよいのではないだろうか。十世紀後半のある段階で変化が起きたと考えられる。

ただし興味深いことに、『北山抄』や『江家次第』によると、一部の官人だけは、清涼殿東孫庇に入るとき、右青璅門を通過しており[18]、この点は注意する必要がある。

次に、諸司諸国の上申文書を大臣が奏上する政務である官奏について[19]。平安時代の儀式書を通覧すると、

表1　叙位・官奏において、東孫庇への入る際に通る門

	天暦蔵人式	西宮記（官奏事）	北山抄	江家次第
叙位（公卿）	右青瑣門	殿上上戸	殿上上戸	殿上上戸
官奏		右青瑣門	右青瑣門	右青瑣門

『官奏事[20]』によれば、「大臣挿レ笏執二奏杖一、自二侍所小板敷東端戸一〈謂中戸也[21]〉」とある。この「侍所小板敷東端戸」「中戸」は右青瑣門のことである。『北山抄』『江家次第』をみても、「右青瑣門」とあり、おそらく官奏は、清涼殿でそれが行われるようになってから長く右青瑣門を用いていたと考えられる。

以上を整理すると、以下の見解が導き出せる。第一に、当初、叙位・官奏に際しては右青瑣門を用いて天皇に奏上などを行っていた可能性が高い。第二に、叙位に参加する公卿らは、当初右青瑣門を用いていたものの、十世紀後半に変化が起き、殿上上戸を用いるようになった。第三に、その一方で官奏に際して奏上する公卿は院政期初期まで右青瑣門を用いている。

清涼殿東孫庇に入るとき、右青瑣門を用いるのが本来のあり方であったのだろう。しかし昇殿制が成立し、殿上人が増加するにつれ、叙位や官奏といった重要儀式における執筆あるいは奏上の大臣でなければ、殿上上戸を使うようになっていったのだと考えられる。その変化の時期は、十世紀半ばであろう。

6　明義門・仙華門

以上、主に清涼殿東孫庇に入るときに使われる門戸をみてきたが、次に清涼殿東庭

に入るときを検討してみたい。東庭が使用される儀式は多くあるが、ここでは追儺を検討しよう。前田家巻子本『西宮記』（巻六、追儺事）によれば、清涼殿東庭を通過する方相氏が「経二明義・仙華門一」とある。その他の儀式の際には、仙華門を貴族が通過することがしばしば記されているが[22]、明義門を通ったかは定かでない。しかし建築物の構造上、弓場方面から清涼殿東庭に入るときには、明義門を通過したことは間違いないだろう。

ただし上記以外にも、明義門が使用される場合がある。賭弓雨儀の場合を検討してみよう。『小野宮年中行事』所引、『村上天皇御記』応和二年（九六二）三月十五日条は、次のように記されている。

射場装束用二雨儀一云々。諸卿経二紫宸殿北廂一、下レ自二西北階一、入レ自二明義門一著座。例公卿経二紫宸殿南階下一、自二屏幔内一入著座。而開二明義門一参入、違二先例一。後聞、大臣等云々、依レ雨不レ可二自レ庭参入一。今日所レ参皆殿上公卿等也。須レ用二此門一。今以為、若依レ雨殿上公卿不レ可レ経二前庭一者、宜下従二侍方戸一入上。所行都無レ所レ拠。

弓場で行われる賭弓儀において、公卿が内裏の東側から西側へ移動する際、明義門が使用されていることが右の史料から知られる。また右の史料からは、明義門の性質を知るうえで重要な情報が得られると思われるので、詳しくみていこう。

通常時の賭弓の場合、公卿が弓場に移動するとき、紫宸殿南階下を通過したようだが[23]、応和二年三月は雨のため、紫宸殿の北廂を通過して、明義門を通り弓場へ出たとある。これに対して村上天皇は明義門を使ったことに関して、不快感を示している。すなわち、雨で紫宸殿南庭が通れない場合は、「侍方戸」を使用せよと村上天皇は述べている。この記述から、おそらく村上天皇は、仙華門を抜けて南廊を通り、殿上上戸を経て殿上間、無名門を通過して弓場に出ることを公卿らに求めているのであろう[24]。

なぜこのような遠回りを村上天皇が求めたのか、詳細は未詳だが、村上が主張する先例は、次第に廃れていった。すなわち『小右記』正暦四年（九九三）三月廿九日条によれば、「公卿執二弓矢一、経二南殿一入レ自二明義門一着座、〔自二侍方一可二参入一歟〕」とあることから、記主藤原実資は先例を認識しているものの、実際には明義門を使用することが多くなっていたようである。

以上、清涼殿の南側に存在する諸門戸を検討してきた。これら以外にもいくつか門戸はみられる。清涼殿東庭の南側に崇仁門が存在しているが、この門が使用されている例は、管見の限りみられない。また殿上間の西側にも殿上下戸が存在しているが、『侍中群要』でみられる程度であるから、蔵人などが雑用の際に用いる戸であると推測される。

二　清涼殿の北側

1　北廊戸について

次に、北側について論じていく。まず、雷鳴陣を検討したい。雷鳴陣とは、雷が発生したとき、天皇の住まう清涼殿に近衛府官人が入り、天皇とその居所を守護するもので、冷泉・円融天皇以降実例が減少し[25]、十世紀半ば以降は多分に儀式化しているようである。ここでは近衛府官人が、清涼殿に入る経路から、清涼殿の北側の出入口についてみていこう。次の史料は、『北山抄』（巻九、羽林要抄、雷鳴陣）である。掲出にあたって論旨に影響のない部分の細字双行注を略した。

> （前略）先大将参上。左、候㆓孫廂額南間㆒、右、候㆓南第二間㆒。次中少将参上。左右相対。候㆓同廂額并南第一間㆒〔並西上。左入㆑自㆓北廊西戸㆒、右入㆑自㆓殿上戸㆒。地下人可㆑用㆓右青瑣門㆒。或云、宰相中将可㆑候㆓左大将次㆒云々、此事无㆓所見㆒、可㆑尋之〕、左将監以下、入㆑自㆓北廊東戸㆒、御階北逼砌而立、右、入㆑自㆓仙花門㆒、御階南立。（以下略）

右の史料から、清涼殿の北側には、北廊が存在しており、そこに「北廊東戸」と「北廊西戸」という二つの戸があったことが知られる。雷鳴陣のとき、右近衛府の官人は南側から清涼殿に入る。孫廂に入る右中・少将らは、殿上人であれば殿上戸、地下人であれば右青瑣門を用い、東庭に入る右将監らは仙華門を用いている。このあり方は、前節で確認した門の使用方法にのっとっている。

続いて、北側から参入する左近衛府官人の出入方法を検討したい。孫廂に入る左中・少将らは、「北廊西戸」を用い、東庭に入る左将監らは「北廊東戸」を用いている。以上から、清涼殿北廊には戸が少なくとも二つ存在していたことが知られる。また南側の検討成果を敷衍すれば、北廊東戸は東庭に出入するときに用いられ、北廊西戸は殿舎内に出入するときに用いられた可能性が高いことを指摘できよう。

2　北廊東戸について

清涼殿北側の門戸を使用する例は、南側と比較すると少ないものの、平安時代の史料にみられる。早い例では、延喜九年二月における皇太子の朝覲行幸の際に、「駕レ輦、入レ自二朔平門一、経二瀧口一到二殿北廂一。下レ輦暫休」（前田家巻子本『西宮記』臨時十一、皇太子対面事）とあることから、皇太子である保明親王が清涼殿の北側から出入りしていることが知られる(26)。

右の朝覲行幸における史料では「経二瀧口一」とある。滝口は、滝口の武士が詰めている陣が清涼殿北東部に存在したことが知られているなかで、諸史料には「滝口戸」が存在することも知られる(27)。滝口陣が北東部に存在することから、滝口戸も同じ場所付近にあったと想像される(28)。

次に、この滝口戸と北廊戸との位置関係を以下で考えてみたい。まず、賀茂臨時祭において、人々がどのように東庭へ出入したかについて検討してみよう。臨時祭に先立ち、使・舞人・陪従が定められる。ここでの陪従は、『政事要略』所引『天暦蔵人式』にあるように、「陪従、選二殿上并諸処堪レ歌者一、用レ之」とあることから、歌人であったといえる。この舞人・陪従は、東庭で行われる試楽の際に、「北戸」から参入している。臨時祭当日も舞人は、「牽二御馬一、自二北廊東戸一参入」とある。試楽の戸と臨時祭当日の戸が異なることは考えにくいことから、ここでの「北戸」と「北廊東戸」とは同一ものであるだろう。

また、『天暦蔵人式』によれば、御禊が終了したのち、「陪従於二北廊外一、発二歌笛音一」とあることに注目したい。『小右記』長和三年（一〇一七）十一月二十七日条の賀茂臨時祭では、同じ場面において「（前略）御禊了。於二瀧口戸外一吹レ笛」とある。同じ場面であるにもかかわらず、陪従は、一方では「北廊外」で、一方では「瀧口戸外」で歌笛を発しているということは、ここでいう「北廊」と「瀧口」は同じ場所である可能性が高い(29)。

次に、追儺の儀式を検討してみたい。この儀式において、方相氏と貴族らが清涼殿東庭を通る場面がある。その場面について、『江家次第』（巻十一、追儺）を用いて検討しよう。

方相先作二儺声一、以レ戈、叩レ楯三箇度。群臣相承、和呼追之。方相経二明義・仙華門一、出二北廊戸一。（中略）上卿以下随二方相後一度二御前一、出レ自二瀧口戸一。（以下略）

方相氏が東庭を通る際、明義門・仙華門から入り、北廊戸を出る。一方上卿は、滝口戸から東庭を出ている。ここで、上卿以下が「随二方相後一」いつつ東庭を後にしている点から、方相氏と上卿以下は、東庭から同じ出口を出た可能性が高い。方相氏が出た北廊戸と、上卿以下が出た滝口戸とは、同一の戸であったと推測することが可能である。

以上、賀茂臨時祭と追儺とにおける、清涼殿東庭の戸の使用方法について検討してきた。二つの儀式の検討から、北廊戸と滝口戸が同一である可能性を指摘できよう。とすれば、いわゆる滝口の武士が詰めていたとされる滝口の陣の場所が、より厳密に定められる。これまでも、清涼殿北東部の御溝水の近くであるとされていたが、清涼殿の北廊にあったと確定することができよう(30)。

ここまで、北廊戸と滝口戸が同一のものであることに関して、迂遠な論証を重ねてきた。次に西戸の使用について、簡単に論じておきたい。

『大鏡』（兼通）を検討する。この史料で、藤原兼通が最後の除目を行うため清涼殿に参上した折、彼の参入経路を確認したい。「滝口の陣の方より、御前へまゐらせたまひて、昆明池の障子のもとにさし出でさせたまへるに、昼の御座に、東三条の大将、御前にさぶらひたまふほどなりけり」とある。これはおそらく、雷鳴陣において左右中・少将が清涼殿に参入する際の経路とほぼ同じで、重病の藤原兼通は、北廊西戸から入り、東孫庇に向かったと推定したい。なお後述するように、この北廊西戸はおそらく黒戸と呼ばれる門戸と同じであると推測される。

3　御湯殿戸と黒戸

ここまで、北廊東戸・西戸について論じてきた。この二つの門戸以外にも、貴族らが使用する門戸が清涼殿北側に存在する。

まず文学作品からその戸を確認したい。『大鏡』（道兼）には「殿上よりはえ出でさせたまはで、御湯殿の馬道の戸口に、御前を召して、かかりて、北の陣より出でさせたまふ」とある。これは、関白就任後に参内した藤原道兼が、どのように退出したかが記されている記事だが、ここから、御湯殿の付近に戸が存在したことは確実であろう。

また『枕草子』（二三一段）によれば、

細殿の遣戸を、いととう押しあけたれば、御湯殿に、馬道より下りて来る殿上人、萎へたる直衣、指貫の、いみじうほころびたれば、色々の衣どものこぼれ出でたるを、押し入れなどして、北の陣ざまに歩み行くに、あきたる戸の前を過ぐとて、纓を引き越して、顔にふたぎていぬるもをかし。

清少納言がいる「細殿」は、日本文学の研究によれば登華殿に存在すると論じられているが、[31]あまりにも遠く、『大内裏図考証』に従い弘徽殿とするべきだろう。弘徽殿からであれば、清涼殿の北側の「御湯殿」付近をみることは可能である。ここで登場する「殿上人」は、道兼が退出する際に用いた戸と同じ戸から出てきたと考えられる。つまり、北庇の西側に「切馬道」が存在しているが、その部分に戸があり、『大鏡』における藤原道兼、さらには清少納言に盗み見られた殿上人も、この戸を用いていたのではないだろうか。

次にこの戸の名称について考えたい。最近紹介された東山御文庫本『日中行事』（卯剋、主殿寮奉仕朝清事）、及び同『日中行事』（同剋、御手水事）によれば、「御湯殿戸」と呼ばれている。よって本稿では以下、「御湯殿戸」と呼称する。

古記録のなかにも、この戸と思しき戸が用いられていたと読み取れるものがある。長和二年、三条天皇の中宮妍子は、懐妊のために東三条院へ宿下がりをする。『小右記』長和二年（一〇一三）正月十日条には、次のようにある。[32]

（前略）亥剋中宮可レ出二御東三条院一、懐任〔妊〕出給云々、仍諸卿参二飛香舎一。〔中宮御在所〕（中略）亥二点寄二御輿於後涼殿北辺戸口一、〔所謂黒戸瀧口上御直盧西戸也〕立レ幔、々外諸卿列立。乗レ輿道、出レ自二

玄輝・朔平等門」。(以下略)

輿が「後涼殿北辺戸口」に寄せられているということは、中宮妍子は御在所である飛香舎から渡殿を用いて南進してから、輿に乗ったと考えられる。なぜ飛香舎から直接輿に乗らなかったのか、未詳である。ともあれ、妍子が輿に乗った戸口は、「所謂黒戸」とあるのに注目したい。この細字双行の解読は難しいが、藤壺上御局や弘徽殿上御局などの「上御局」が「上御直盧」とも呼ばれていたとする角田文衛氏の指摘を参照すると、(33)「所謂黒戸ナリ、瀧口上御直盧ノ西戸ナリ」と読むことができる。(34)少なくとも、この「後涼殿北辺戸口」が黒戸であったことは確言できる。

しかし、一般的に「黒戸」はこの付近にあったとは考えられていない。例えば、『平安時代史事典』によれば、黒戸は、清涼殿北側、弘徽殿に向かう戸であるとされている。(35)確かに、鎌倉時代に作成されたとされる陽明文庫本『宮城図』あるいは九条家本『延喜式裏文書』には、清涼殿北廊の戸であると記されている。また院政期になると、この付近に黒戸廊が存在していることから、確かに、黒戸も『宮城図』などにみられる場所にあった可能性が極めて高い。

つまり、これまでの黒戸に関する考証と『小右記』の記事とは明らかに矛盾している。この矛盾をどう考えればよいだろうか。可能性は二つあると思われる。第一に、藤原実資の誤記、あるいは『小右記』伝写過程における誤記の可能性、第二に、摂関期の黒戸と院政期以降の黒戸が異なる場所にあったとする可能性である。『大内裏図考証』では、右の『小右記』の記事中にある後涼殿を清涼殿に意改することで、その矛盾を解消しようとしており、第一の可能性を考えているようである。

結論からいえば、『大内裏図考証』が正しく、『小右記』の記事は意改する必要がある。その点について、金沢文庫本『西宮記』（巻一、供御薬事）を検討しよう[36]。

> （前略）同日典薬寮進二御薬一。（中略）置二御生気方一。（中略）東方、仁寿殿西南渡殿西面、南、下侍、北、黒戸上、西、後渡〔涼カ〕殿西南戸前。（以下略）

天皇に御薬を進める際、まずそれを吉方に置く。その吉方の位置は決まっておらず、年ごとに異なるらしい。ただし、東西南北の場所は決まっており、右の史料にはその具体的位置が四つ記されている。その四つの位置を確認してみると、天皇が座る清涼殿東庇を中心として、ほぼ正確に東西南北の位置に置かれていることがわかる。とすれば、北に位置する「黒戸上」は清涼殿東庇の真北に存在しているはずであり、『小右記』が述べるような「後涼殿北辺戸口」にあるとは考えられず、摂関期も『宮城図』などにみられる場所にあったと思われる。つまり、『小右記』長和二年正月十日条はやむを得ず意改し、「清涼殿」と校訂するのが正しい。

摂関期の黒戸が清涼殿の北側に存在しているという通説を確認した。そのうえで、先の『小右記』の記事をあらためてみてみると、黒戸の東側に「滝口上御直盧」が存在したことがうかがえる。ここで、黒戸が北廊西戸＝滝口西戸であると考えるならば、黒戸の東側の渡廊が滝口と呼ばれることになんら問題ないだろう。しかし、ここでは「瀧口上御直盧」と呼ばれていることに注目すべきである。「上御直盧」は「上御局」と同様のものであるから、天皇の后妃の控えの間であった可能性が高い。『枕草子』（一二四段）によれば、「関白殿、黒戸より出でさせたまふとて、女房のひまなく候ふを」とあり、黒戸近くに女房が控えていることがうかがえるから、この場所に「上御局」が存在することは不思議ではない[37]。すでに角田氏も示唆されているが、少なくとも摂関期には、上御局は一定の場所にあったわけではなく、その妃、あるいはそのときどきによって変化したのであろう[38]。一般的に清涼殿図を示すとき、北側に「藤壺上御局」などが常に存在したように描写されているが、摂関期の清涼殿を図示する場合は、注意する必要があろう。

以上、清涼殿の北側にある門戸について、煩雑な議論を重ねてきた。まとめると以下のようになる。主な出入り口は三つあり、東から、①北廊（滝口）東戸、②北廊西戸＝黒戸、③御湯殿戸である。北廊には滝口陣があり、またその場所に上御局が設置されることがあった。

三　十世紀前期における清涼殿南部改作の可能性

これまで、貴族の出入方法を中心に、清涼殿の南側（第一節）と北側（第二節）における門戸のあり方をみてきた。以上のような清涼殿のあり方は、主に本稿で摂関期の史料を中心に用い、院政期の史料も援用してきたことから、おそらく摂関期の状況を示していると考える。その一方で、十世紀前半の清涼殿、特に南部のあり方を検討すると、摂関期と状況が異なっていた可能性が高いようである。以下、検討してみたい。[39]

まず『躬恒集』に残る歌を取り上げよう。[40]

清涼殿の南の端にみかは水流れいでたり。その前栽に松浦洲あり。延喜九年九月十三日に賀せしめたまふ。題に、月にのりてささら水をもてあそぶ。詩歌こころにまかす

ももしきの大宮ながら八十島を見るここちする秋の夜の月

この詞書によれば、清涼殿の南側に、溝水が流れていることになっている。確かに、清涼殿の周囲、例えば東側に溝水が流れていることは明らかであるが、[41] 例えば『承安五節絵』における殿上間の図（**図2**）をみてみると、溝水は存在しない。[42] また、摂関期の儀式書・古記録を検してみても、溝水の存在を示すような史料は皆無である。上の歌は延喜九年（九〇九）[43] 九月十三日のものであるから、それ以後、溝水が消滅してしまった可能性が高いだろう。

では、その時期はいつであろうか。『日本紀略』延長八年（九三〇）六月二十六日条には、「午三刻、従㆓愛宕山上㆒黒雲起。急有㆓陰沢㆒。俄而雷声大鳴。堕㆓清涼殿坤第一柱上㆒。有㆓霹靂神火㆒。大納言正三位兼行民部卿藤原朝臣清貫衣焼胸裂夭亡。（中略）又従四位下行右中弁兼内蔵頭平朝臣希世顔焼而臥」とあるように、延長八年、清涼殿の南南東の柱に雷が落ちた。のちに、菅原道真の怨霊として語り継がれる雷であるが、ここで落ちた場所が、「清涼殿坤第一柱上」、つまりのちの殿上間であったことに注目したい。おそらくのちの殿上間にいた藤原清貫は衣が焼けるなどして死に、平希世は顔に火傷を負ったのだろう。

その結果、翌年に改作が行われる。『花鳥余情』所引、『吏部王記』承平元年（九三一）十一月七日条には、次のようにある。

七日、始壊二清涼殿南一間一。因二去年雷電一改造也。其東行南廊及属二校書殿一廊、同改造云々。

この史料から、清涼殿はもともと、「属二校書殿一廊」が存在したことが知られる。現在復原される清涼殿と校書殿は、廊で結ばれていると考えられていない。この雷のあとの改造によって、清涼殿の南側は想像以上に大きな改変があったのではないだろうか(44)。

以上、九・十世紀の史料を検討すると、承平元年（九三一）までの清涼殿南部は、「御溝水」が流れており、校書殿と「属」している(45)。清涼殿、少なくともその南部は、十世紀前半の落雷を境に、大きく変化したのではないか(46)。あるいは、殿上上戸もこの改作によってあらたに作られたものではないだろうか。第一節で述べたように、右青璅門と殿上上戸が使い分けられるようになったのは、少なくとも天慶七年(九四四)であり、それ以前の史料ではみられないことを、あらためて想起すべきであろう。

つまり、九世紀末から清涼殿は本格的に天皇の常御所となるが、九三〇年代以降に整備・改築が行われたらしい。而して、その後の円滑な天皇政務運営のために改築されたと考えられる。摂関政治期を迎えるための準備期間が、十世紀前半なのである。十世紀前半という時代の特殊性を、以上のように評価することも可能だろう(47)。

おわりに

かつて古瀬奈津子氏は、宇多朝に小朝拝や昇殿制が成立し、清涼殿が天皇の日常政務の場とプライベートの場を兼ねるようになったことから、天皇との私的関係を構成原理とした宮廷社会が成立したと述べた(48)。支持すべき見解である。

ただし本稿で述べたように、清涼殿南部の空間構造が現在復原されているものと、承平元年以前のものと大きく異なっているのであれば、儀式や政務のあり方も少なからず空間構造の影響を受けていた可能性が高いのではないだろうか。儀式や政務を清涼殿でスムーズに行うため、承平元年の改築が行われたと考えることもできる。

つまり、摂関期の政務や儀式のあり方は、確かに、古瀬氏が述べるように宇多朝から始まった。一方で、それにあわせるような空間構造は突如として成立したわけではなく、承平―天暦年間に漸次形成されていったと思われる。さらに想像をたくましくすれば、宮廷社会の変化は、宇多朝から、清涼殿南部の建築構造が固定される十世紀半ばまでのあいだ、つまり約五十年間に生じたものといえるのではないか。摂関期政務構造の画期を考えるうえで、この点は非常に重要である。

以上、本稿では、清涼殿の門戸や、貴族の出入方法について、基礎的な考察を行った。また、その考察結果から、十世紀における清涼殿改築の可能性、その改築理由について検討した。残存する史料が少なく、推測を重ねた論考となってしまったが、停滞する平安時代貴族社会の研究が少しでも進展すれば、幸いである。

註

(1) 吉川真司「中文刺文考」(『律令官僚制の研究』塙書房、一九九八年、初出一九九四年)はその典型といえる。
(2) 藤岡通夫『京都御所』(彰国社、一九五六年)。
(3) 島田武彦『近世復古清涼殿の研究』(思文閣出版、一九八七年)。
(4) 目崎徳衛「仁寿殿と清涼殿」(『貴族社会と古典文化』吉川弘文館、一九九五年、初出一九七〇年)。
(5) 角田文衛「平安内裏における常御殿と上の御局」(『角田文衛著作集4』法蔵館、一九八四年、初出一九七一年)。
(6) 鈴木亘『平安宮内裏の研究』(中央公論美術出版、一九九〇年)。
(7) 飯淵康一『平安時代貴族住宅の研究』(中央公論美術出版、二〇〇四年)。
(8) また、天皇がいつ・どこにいたかを明らかにした詫間直樹『皇居行幸年表』(続群書類従完成会、一九九七年)は、貴重な労作である。
(9) 佐藤全敏「古代天皇の食事と贄」(『平安時代の天皇と官僚制』東京大学出版会、二〇〇八年、初出二〇〇四年)、石野浩司「『侍中群要』に見る清涼殿「石灰壇」」(『建築史学』四九、二〇〇七年)、西本昌弘「東山御文庫本『日中行事』について」(『日本歴史』七一六、二〇〇八年)、斎木涼子「仁寿殿観音供と二間御本尊」(『史林』九一―二、二〇〇八年)、芳之内圭「東山御文庫本『日中行事』にみえる平安時代宮中時刻制度の考察」(『史学雑誌』

一一七―八、二〇〇八年）。

(10) 内裏の出入口に注目した論文として、承明門や日華門を検討した飯淵康一「平安宮内裏、承明門・日華門の儀式時に於ける性格」（註（7）書、初出二〇〇〇年）がある。

(11) 島田註（3）書、一五八頁。

(12) なお、天皇の物忌のときには、この門より先に入ることはできず、蔵人が天皇と外部世界とを繋ぐ役目を担っていた。谷口美樹「『親信卿記』にみえる御前」（『『親信卿記』の研究』思文閣出版、二〇〇五年）、三九五頁参照。

(13) 賭射条が『弘仁式』『貞観式』までさかのぼるか否かは、不明である。

(14) 後述するように、小板敷は南廊にもある。史料で用いられている用語を使い、小庭に置かれているものを「侍小板敷」（『親信卿記』天禄三年（九八七）三月二日条）、南廊にあるものを「南廊小板敷」（『江家次第』（巻七、六月晦日）所引『天暦蔵人式』）と呼ぶ。

(15) 『兵範記』保元二年（一一五七）十月八日条では、大臣が侍小板敷を使用し、納言以下が沓脱を使用している。島田註（3）書、一七九頁を参照。また、後代の史料だが『三節会次第』も参照。

(16) 受領罷申儀などは典型的な例。受領罷申儀については、拙稿「摂関期の地方支配理念と天皇」（『日本古代国家と支配理念』（東京大学出版会、二〇〇九年、初出二〇〇七年）参照。

(17) 『北山抄』（巻一、五日叙位議事）には、「非二殿上公卿一、入レ自二右青鎖門一也」とあることから、殿上人であれば殿上上戸を用いることが知られる。また、『江家次第』（巻二、叙位）には、「次、自余公卿等一一参、（細字双行略）、各各登二殿上一、其後進二着御前座一」とある。

(18) 『西宮記』には記載がない。詳しくは後考を期したい。

(19) 官奏については吉川註（1）論文参照。

(20)『官奏事』については議論があるが、吉川註(1)論文の見解に従う(二二二頁)。

(21)〔 〕は細字双行をあらわす。以下同じ。

(22)例えば小朝拝のとき、貴族は仙華門を通過して東庭に入っている。

(23)『江家次第』(巻三、賭射)に、「次将依二天気一経二階下一、向二左仗一召二公卿一」とある。公卿を呼ぶ次将は、確実に南階下を通過していることから、公卿らも同様のルートを通ったのであろう。

(24)また、公卿が遅参した場合も、同様な遠回りを行うべきであったようである。『江家次第』所引、『九暦』年月日未詳条。

(25)佐多芳彦「雷鳴陣について」(『服制と儀式の有職故実』吉川弘文館、二〇〇八年、初出一九九六年)、一四一頁。

(26)この記事は、『西宮記』の別部分、すなわち前田家巻子本『西宮記』(正月上、童親王拝覲事)延喜九年二月二十一日条に、「皇太子始朝覲。乗レ輦入レ自二玄暉門一、至二清涼殿北簷一下レ輦」とあるのに対応している。二つの史料から、皇太子である保明親王が、醍醐天皇に謁見する際、清涼殿にどのように入ったかが知られる。清涼殿の北庇に、輦車の乗降が可能な空間が存在したということが理解できる。

(27)『拾芥抄』に「瀧口戸　清涼殿北」とあるなど。後述のように、平安時代の古記録にも時折みられる。

(28)おそらく註(26)の朝覲行幸は、滝口戸を通って清涼殿の北庇に向かったと思われる。

(29)もちろん、十世紀半ばの史料である『天暦蔵人式』と十一世紀初期の史料である『小右記』とを比較しており、二つの史料における時期の違いを考慮に入れる必要があるかもしれない。しかし、いわゆる摂関期の儀式書や古記録との対比で、そのような違いがあれば、当時の貴族――藤原実資であれば特に――が、なんらかのコメントを付すはずだろう。

(30)陣定が行われる近衛陣が、紫宸殿南東部の廊にあることを想起すれば、滝口陣が北廊に存在していても、なんら不思議ではない。

(31) 日本古典文学全集本の注釈参照。黒木香「清少納言にとっての登花殿の細殿と一条今内裏の小庇」（『活水日文』三五、一九九七年）も論及している。

(32) この史料は、川合奈美氏からご教示を得た。

(33) 角田註（5）論文、二八頁。

(34) なお、大日本古記録は「所謂黒戸瀧口、上御直盧西戸也、」と読点をつけており、大日本史料は「所謂黒戸、瀧口上、御直盧西戸也、」としている。

(35) 増田繁夫「くろど」（『平安時代史事典』角川学芸出版、一九九四年）。

(36) 前田家巻子本は、この部分に脱字がある。金沢文庫本の引用は、宮内庁三の丸尚蔵館編『古記録にみる王朝儀礼』（一九九四年）による。

(37) また『日本紀略』長徳二年（九九六）十一月十二日条によれば、「今夜、左近府生軽部公友入二瀧口上御盧一。仍給二獄所一」とある。おそらく禁獄されるほどの罪であれば、まさにこのとき、「瀧口上御盧」には后妃がいたのではないだろうか。これがのちの黒戸御所につながると考える。

(38) 増田繁夫「弘徽殿と藤壺」（『国語と国文学』六一―一一、一九八四年）も参照。

(39) 九世紀については、『続日本後紀』承和元年（八三四）正月甲戌条に、「於二永安門裏西掖廊前一、新作レ堋。備二于御射一。紫宸殿西南端廊被二徹毀一。以レ礙二箭道一也」とあり、賭弓のため、内裏内部の改築を行う際、紫宸殿と校書殿を結ぶ廊を破壊していることが知られる。

(40) 引用は、藤岡忠美・徳原茂実『私家集注釈叢刊14　躬恒集注釈』（貴重本刊行会、二〇〇三年）による。

(41) 『年中行事絵巻』叙位など参照。

(42)『承安五節絵』については、川島絹江「『承安五節絵』の諸本」(『研究と資料』四一、一九九九年)参照。

(43) 藤岡・徳原前掲註(40)書によれば、「なお、歌仙家集本の詞書には「延喜十九年」とあり、それに従ってこの宮中観月の宴を延喜十九年のこととするのが定説だが、史料的価値の高い西本願寺本に従うべきかと考える」と記されている(一九頁)。どちらが正しいか、判断しかねるが、たとえ延喜十九年(九一九)であろうとも、本論に大きく影響することはないため、さしあたり延喜九年の歌としておく。この歌や私家集全般については、湯淺幸代氏からご教示をいただいた。

(44)『春記』長暦二年(一〇三八)十一月二日条所引、「殿上日記」天暦二年(九四八)二月二日条によれば、実際に清涼殿が完成したのは天暦二年であるらしい。

(45) 清涼殿と校書殿とが繋がっており、そこに神仙門が存在したのではないだろうか。全くの推測であるが、このように考えれば、もともと神仙門は意味のある門であったと位置づけられよう。

(46) 落雷が清涼殿改築の直接的な原因と推定した。しかし、万が一この落雷がなくとも、摂関期における政務運営のために改作が行われたのではないだろうか。いずれも推測であるが、以上のように考えておきたい。

(47) この点については、まったく別な観点で検討したことがある。拙稿「九・十世紀の不堪佃田・損田と律令官人給与制」(註(16)書所収)を参照。

(48) 古瀬奈津子「昇殿制の成立」(『日本古代王権と儀式』吉川弘文館、一九九八年、初出一九八七年)。

執筆者略歴（執筆順、編者を除く）

森　公章（もり　きみゆき）

一九五八年、岡山県に生まれる。

東京大学大学院人文科学研究科博士課程単位取得退学。

現在、東洋大学教授。博士（文学）。

〈主要著作〉

『長屋王家木簡の基礎的研究』（吉川弘文館、二〇〇〇年）、『奈良貴族の時代史』（講談社、二〇〇九年）、『遣唐使の光芒』（角川学芸出版、二〇一〇年）

北村安裕（きたむら　やすひろ）

一九七九年、栃木県に生まれる。

東京大学大学院人文社会系研究科博士課程単位取得退学。

現在、東京大学史料編纂所学術支援専門職員、明治学院大学非常勤講師。

〈主要著作〉

「古代の大土地経営と国家」（『日本史研究』五六七）、「古代におけるハタケ所有の特質」（『ヒストリア』二二一）

三谷芳幸（みたに　よしゆき）

一九六七年、香川県に生まれる。

東京大学大学院人文社会系研究科博士課程単位取得退学。

現在、文部科学省調査官。

〈主要著作〉

「律令国家と校班田」（『史学雑誌』一一八―三）、「班符と租帳」（『古代中世の政治と権力』）

榎本淳一（えのもと　じゅんいち）
一九五八年、秋田県に生まれる。
東京大学大学院人文科学研究科博士課程単位取得退学。
現在、工学院大学教授。博士（文学）。
〈主要著作〉
『唐王朝と古代日本』（吉川弘文館、二〇〇八年）

佐藤　信（さとう　まこと）
一九五二年、東京都に生まれる。
東京大学大学院人文科学研究科博士課程中退。
現在、東京大学大学院人文社会系研究科教授。博士（文学）
〈主要著作〉
『日本古代の宮都と木簡』（吉川弘文館、一九九七年）、『出土史料の古代史』（東京大学出版会、二〇〇二年）、『古代の地方官衙と社会』（山川出版社、二〇〇七年）

有富純也（ありとみ　じゅんや）
一九七四年、福岡県に生まれる。
東京大学大学院人文社会系研究科博士課程単位取得退学。
現在、東京大学大学院人文社会系研究科助教。博士（文学）。
〈主要著作〉
『日本古代国家と支配理念』（東京大学出版会、二〇〇九年）

編者略歴

武光　誠（たけみつ　まこと）
一九五〇年、山口県に生まれる。
一九七四年東京大学文学部国史学科卒業。一九七九年東京大学大学院人文科学研究科国史学科博士課程修了（単位取得）。文学博士（二〇〇八年、東京大学大学院。論文博士）
明治学院大学専任講師、同助教授を経て、現在、明治学院大学教養教育センター教授。

〈主要著作〉
『日本古代国家と律令制』（吉川弘文館、一九八四年）、『律令制成立過程の研究』（雄山閣出版、一九九八年）、『名字と日本人』（文藝春秋、一九九八年）、『日本人なら知っておきたい神道』（河出書房新社、二〇〇三年）、『一冊でつかむ日本史』（平凡社、二〇〇六年）、『増訂律令太政官制の研究』（吉川弘文館、二〇〇七年）、『地方別・並列日本史』（ＰＨＰ研究所、二〇一〇年）ほか

古代国家《こだいこっか》と天皇《てんのう》

2010年11月15日発行

編　者　武光　　誠
発行者　山脇洋亮
組　版　(有)章　友　社
印　刷　モリモト印刷(株)
製　本　協栄製本(株)

発行所　東京都千代田区飯田橋4－4－8　(株)同成社
（〒102-0072）　東京中央ビル内
TEL　03-3239-1467　振替 00140-0-210618

ISBN978-4-88621-540-6 C3021